世界のなかの日本の歴史

一冊でわかる大正時代

【監修】大石 学

河出書房新社

はじめに

「大正時代」と聞くと、みなさんはどのようなイメージを持つでしょうか。先行する明治時代が45年、後続の昭和時代が64年と長期間にくらべて15年と短期間であることから、なかなかイメージしにくいかもしれません。しかし、大正時代は「文明開化」を標榜《ひょうぼう》し、国家優先・国益ファーストで富国強兵を推進してきた明治国家の政治に対して、国民がみずからの生活向上に向けて主張し、さまざまな運動を展開した時代でした。人々は自由な「個」「個性」に目覚め、社会の不正や貧困を鋭《するど》く指摘《してき》するなど、改善を求めた「民主化」「大衆化」の時代でもありました。こうした社会的な動きは、広く「大正デモクラシー」と表現されます。

大正時代は、世界もまた「平和」「協調」を求めて新しいフェイズに入っていました。それは、ヨーロッパで勃発《ぼっぱつ》した大規模戦争である第一次世界大戦の終戦とともに、深刻な戦禍《せんか》・犠牲《ぎせい》の反省をもとに、国際的な平和維持組織である「国際連盟」が設立されたことにも表れています。この国際連盟において、日本はイギリス・フランス・イタリアとともに常任理事国となり、プレゼンスを高めたのです。

もちろん、大正時代は成果ばかりでなく、解決すべきさまざまな課題にも直面しました。政党・官僚・軍部の政治的対立、国民の権利の制限、社会的貧困や格差、さらには近隣の東アジア諸国の緊張激化など、国家主義・資本主義の発展とともに新たな課題が顕在化《けんざいか》します。大正デモクラシーはこれらの課題に対し、不断に展開された政府と国民の努力の結果、形成されました。そして、それは決して自然に生まれたものではなく、また外国から与えられたものでもありませんでした。

今日《こんにち》、「平和」「命」の大切さが改めて問われる日本と世界にとって、大正時代は、決して過去のことというだけではありません。たとえ短期であっても、平和を求めて、国民の自由と権利を発展・拡大させ、さまざまな取り組みを行った過程を、史実に即して本書で見ていきましょう。

監修　大石学《おおいしまなぶ》

目次

第二章 世界大戦の影響

第三章 政党内閣への期待

目次

日本の統治体制（大正時代）

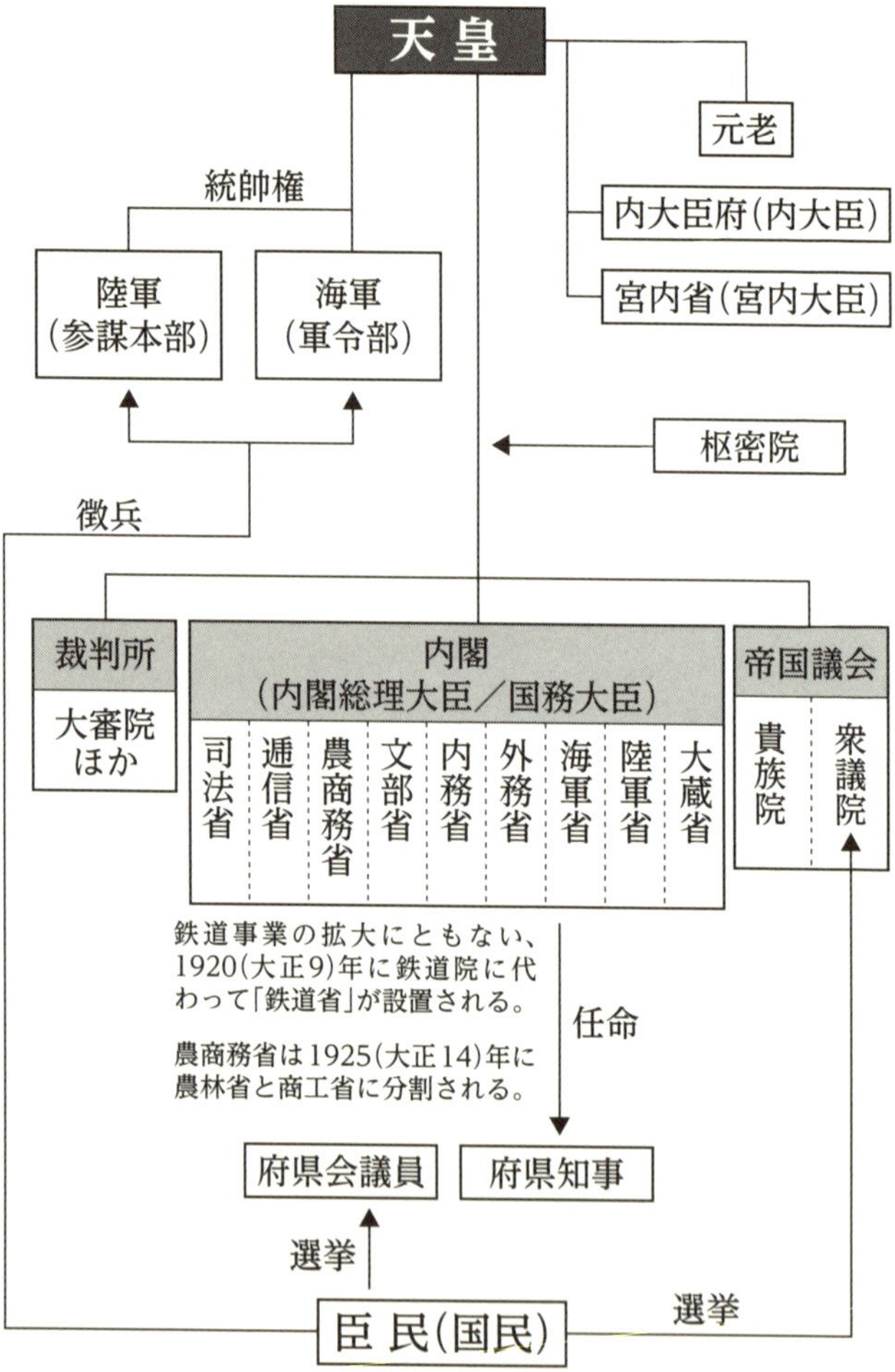

歴代内閣（大正時代）

呼称	内閣総理大臣 （第一党）	期間 （上段：発足　下段：総辞職）
第二次西園寺内閣	西園寺公望	1911（明治44）年8月30日 1912（大正元）年12月21日
第三次桂内閣	桂太郎	1912（大正元）年12月21日 1913（大正2）年2月20日
第一次山本内閣	山本権兵衛	1913（大正2）年2月20日 1914（大正3）年4月16日
第二次大隈内閣	大隈重信 （立憲同志会）	1914（大正3）年4月16日 1916（大正5）年10月9日
寺内内閣	寺内正毅	1916（大正5）年10月9日 1918（大正7）年9月29日
原内閣	原敬 （立憲政友会）	1918（大正7）年9月29日 1921（大正10）年11月4日
高橋内閣	高橋是清 （立憲政友会）	1921（大正10）年11月13日 1922（大正11）年6月12日
加藤内閣	加藤友三郎	1922（大正11）年6月12日 1923（大正12）年8月24日
第二次山本内閣	山本権兵衛	1923（大正12）年9月2日 1924（大正13）年1月7日
清浦内閣	清浦奎吾	1924（大正13）年1月7日 1924（大正13）年6月11日
加藤内閣	加藤高明 （護憲三派→憲政会）	1924（大正13）年6月11日 1926（大正15）年1月28日
第一次若槻内閣	若槻礼次郎 （憲政会）	1926（大正15）年1月30日 1927（昭和2）年4月20日

主な政党の変遷

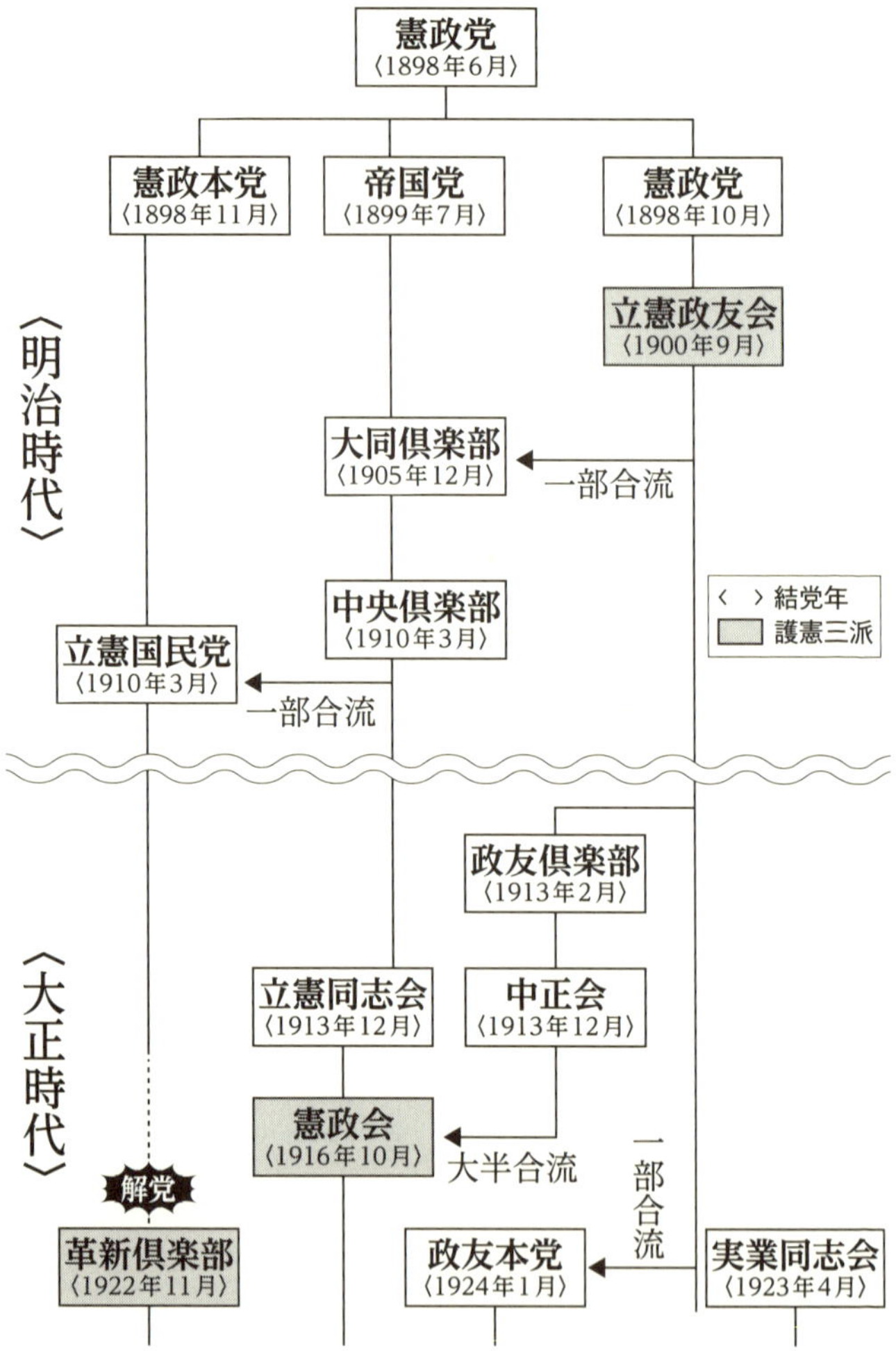

憲政党
〈1898年6月〉
憲政本党
〈1898年11月〉
帝国党
〈1899年7月〉
憲政党
〈1898年10月〉
立憲政友会
〈1900年9月〉
〈明治時代〉
大同倶楽部
〈1905年12月〉
一部合流
中央倶楽部
〈1910年3月〉
立憲国民党
〈1910年3月〉
一部合流
〈　〉結党年
護憲三派
政友倶楽部
〈1913年2月〉
〈大正時代〉
立憲同志会
〈1913年12月〉
中正会
〈1913年12月〉
憲政会
〈1916年10月〉
大半合流
一部合流
解党
革新倶楽部
〈1922年11月〉
政友本党
〈1924年1月〉
実業同志会
〈1923年4月〉

序章

民衆の存在感が高まった時代

大正時代の日本は、すでに経済力でも軍事力でも世界的な強国の一つでした。ただし、日本が強国へと至るまでは険《けわ》しい道のりでした。

大正時代より半世紀あまり前、江戸末期は、まだ少数の武士階級のみが政治と軍事を担《にな》い、海外との関係を制限していました。そこへ近代的な政治体制と科学技術を備えた西洋諸国が、強大な軍事力によって日本を含むアジア諸国をおびやかすようになります。江戸幕府が西洋諸国の圧力に屈して不利な外交条約（不平等条約）を結ぶと、幕府の権威はゆらぎ、天皇を奉じて幕府の打倒をはかる尊王攘夷《そんのうじょうい》運動が日本各地で活発になります。1867（慶応《けいおう》3）年には、将軍が天皇に政権を返上する大政奉還《たいせいほうかん》により、天皇を中心とした新たな政権（明治政府）が成立しました。

この一連の政変は、民衆ではなく武士階級の内部から起こり、倒幕を進めた下級武士たちが明治政府の主要メンバーとなります。その中心となったのは、幕末期にいち早く西洋の技術や制度をとり入れた長州《ちょうしゅう》藩（現在の山口県）、薩摩《さつま》藩（現在の鹿児島県）の

◉東アジア（1912年）

出身者でした。

当時の政府にとって大きな課題だった不平等条約を改正するためには、近代的な科学技術や軍備、法律、政治の仕組みなどを整備し、日本が西洋諸国に文明国であることを示す必要がありました。そこで、明治政府は天皇を中心とした体制のもとで、各地に工場を築き、技術者を育成し、学校教育を普及させ、徴兵制の導入によって国民からなる軍隊を組織しました。

さらに、内閣総理大臣（以降、首相と表記）をはじめとする閣僚が行政を担う内閣制度と、憲法（大日本帝国憲法）にもとづいた議会政治を導入し、納税額による制限がありつつも、国民が選挙を通じて政治に参加するようになります。また、天皇や皇族に関する法規である皇室典範《こうしつてんぱん》や、民法・刑法といった法制度も整備されました。

対外政策においては、中国王朝である清《しん》の東北部（満洲《まんしゅう》）にロシア帝国が勢力圏を広げていたことから、日本との中間に位置する朝鮮半島を日本の勢力圏に組み込むことで防備を固めようとはかります。すると、その朝鮮半島をめぐって清との戦争（日清戦争）が起こり、日本は勝利しました。続いてロシアとの戦争（日露戦争）が起こり、これにも日本は勝利したのち、朝鮮半島に位置した独立国である大韓《だいかん》帝国（韓国）の実質的な支配権を確立し、１９１０（明治43）年に植民地としました（韓国併合）。

二度の対外戦争で日本が勝利した要因は、工業力と軍事力の向上です。しかし、それだけではありません。憲法と議会政治の導入によって、日本が西洋諸国に近代国家として認められ、日清戦争後にはイギリスと軍事同盟（日英同盟）を結び、日露戦争中にはアメリカの政府関係者や企業家が、日本の戦費の調達に協力したからです。

工業力と軍事力に加え、政治体制、外交でも日本は名実ともに西洋諸国と肩を並べるようになり、明治末期に不平等条約の改正をようやく果たすのです。

このように、近代国家へと向かう明治時代の日本をリードしたそのほとんどが、旧武士階級の出身者でした。これに続く大正時代は、教育制度の普及によって学識のある階層が広がり、新聞や雑誌ほかのマスメディアの発達を通じて政治や社会に関心を抱く人々が増え、さまざまな社会運動が活発になります。そして、文学、音楽、映画、演劇といった多様な大衆文化が盛んになり、後世において「大正ロマン」（大正浪漫《ろまん》）と呼ばれる潮流《ちょうりゅう》が生まれるなど、政治・文化に民衆が深く関わることになるのです。

〈本書を読むにあたり〉

※ふりがな（ルビ）は、各章の初出の漢字に振っています。

※図表と同じ漢字が本文に出てくる場合、本文の漢字のほうに、ふりがなを振っています。

※一般的な知名度および高校における日本史教科書等の表記に準拠しています。

※登場する人物の年齢は「満年齢」で表記しています。

第一章

護憲運動が活発化

新しい天皇と新しい時代

１９１２（大正元）年7月30日、45年間在位した明治天皇が、健康を害して59歳で崩御《ほうぎょ》しました。同日、皇太子だった嘉仁《よしひと》親王が皇位を継承し、新しい天皇（大正天皇）となります。大正時代はこうして始まりました。

明治時代から日本では、１代（１人の天皇）につき１つの元号という「一世一元の制」が定められ、新たな天皇の即位とともに元号が改められることになりました。中国王朝の清《しん》は１９１２（明治45）年1月に滅亡し、大韓《だいかん》帝国（韓国）は１９１０（明治43）年８月に日本に併合されたことから、日本が世界で唯一《ゆいいつ》、元号を使用する国家となります。

「大正」という元号は、古代中国で編纂《へんさん》され儒教《じゅきょう》における重要な経典の一冊『易経《えききょう》』に記されている一節「大亨以正、天之道也」（「政治が天の道に沿って正しく行われる」という意味）に由来します。元号の制定は漢文の古典にくわしい学者が担当することが一般的で、大正という元号を提案したのが誰かは公表されていませんが、著名な漢詩人で、宮内《くない》省に当時務めていた国府種徳《こくぶたねのり》（国府犀東《さいとう》）といわれています。

即位時の大正天皇は32歳でした。先代の明治天皇には正室である皇后のほか複数の側室がおり、その間に15人の子どもがいました。大正天皇の実母は側室の柳原愛子《やなぎわらなるこ》です。上に2人の兄（異母兄と同母兄）がいましたが、どちらも早世しています。大正天皇は幼少より病弱だったものの、青年期には比較的に健康状態がよくなり、皇太子だったころには日本各地を訪問しました（巡啓《じゅんけい》）。

江戸時代から明治時代に変わる前後には、明治天皇を中心とする新政府軍と、旧幕府軍との間で戊辰《ぼしん》戦争が起こりましたが、それにくらべて大正時代の幕開けは平穏《へいおん》でした。

◉大正天皇を中心とした系図

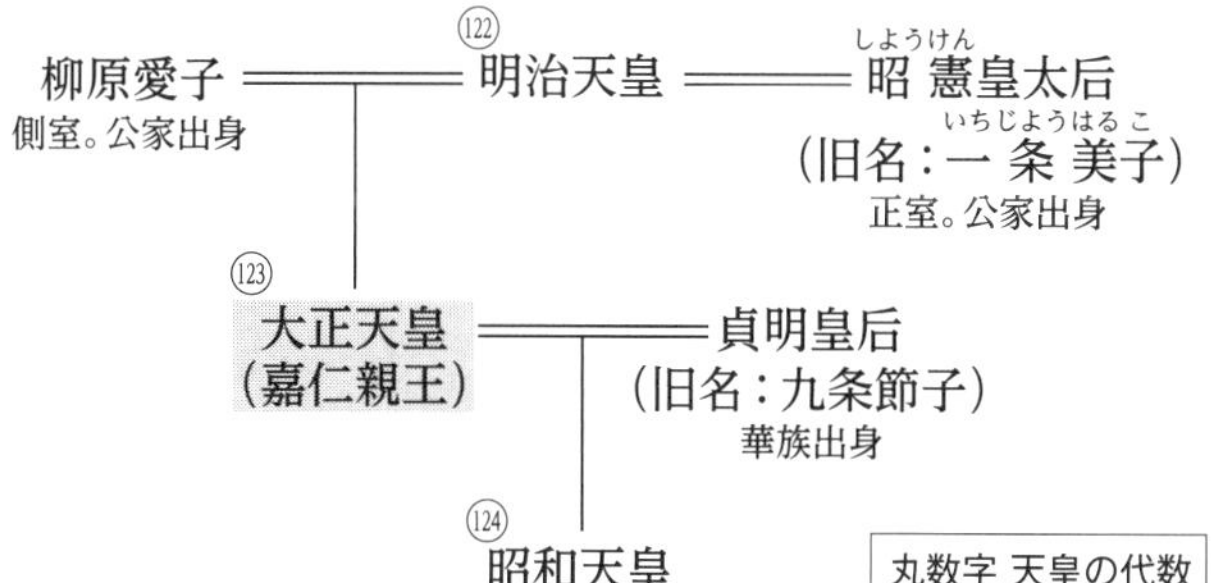

大正天皇はさまざまな点で、新しい時代を象徴する人物でした。誕生の地は、現在の東京都港区にあった青山御所《あおやまごしょ》（大宮御所《おおみやごしょ》となったのち太平洋戦争中に焼失後、跡地に東宮《とうぐう》御所が建てられる）です。つまり、初めて東京で生まれた天皇です。8歳のときには学習院予備科（のちの初等科）に入学します。歴代の皇族は宮中で教育を受けていたため、初めて学校に通った天皇ということになります。10歳で皇太子となり、成人すると、公家の家系に属する華族の九条節子《くじょうさだこ》（のちの貞明皇后《ていめいこうごう》）と結婚します。側室をとらず、以降の皇室では一夫一妻が確立します。人前では威厳ある態度を見せた明治天皇とは異なり、大正天皇は感情をあらわにしたり側近に断りなく外出したりすることもあったそうです。臣下とくつろいだ雰囲気で話をすることを好んでいたとも伝わっています。

大正元年の帝国議会

元号が大正に切り替わったころ、日本の政治はどのような状況だったのでしょうか。

1889（明治22）年に大日本帝国憲法（明治憲法）が制定され、その翌年に第1回帝国議会が開かれてから20年以上が過ぎ、国民が参加する近代的な政治（議会政治）が定着しつつありました。ただし、議会とは別個に、明治維新を主導した長州藩《ちょうしゅう》（現在の山口県）や薩摩藩《さつま》（現在の鹿児島県）出身など、有力な政治家や軍人が「藩閥《はんばつ》」と呼ばれる派閥を形成し、政府の要職を占め、大臣や高級官僚の人選、法律や政策の決定などに強い影響力を持っていました。これを藩閥政治といいます。

帝国議会は貴族院と衆議院の二院からなります。貴族院議員は主に皇族や華族からなります。華族は江戸時代までの公家や大名とその家系に属する者、国家に功労のあった官僚、軍人、学者、実業家などに与えられる身分で、公爵・侯爵・伯爵・子爵・男爵の5段階の爵位があります。このほか、政府によって実績を認められた有識者や高額納税者が貴族院議員となりました。華族以外の旧武士階級は士族、農民や商人などは平民とされていましたが、法律上は平等の立場でした。

明治時代まで貴族院はおおむね保守派の議員が多数を占めました。ここでいう保守派とは、藩閥や軍の有力者を支持し、民衆の政治参加の拡大には反対する立場ですが、大正時代になると、貴族院の議員も立場や考え方が多様化していきます。

一方、衆議院議員は選挙によって選ばれました。とはいえ、選挙権を持つのは満25歳以上の男性、しかも国税を年間10円以上納めている人に限られていました。明治初期から1953（昭和28）年まで、円の下には銭《せん》（1円＝100銭）と厘《りん》（1銭＝10厘）という貨幣《かへい》単位があり、1912（大正元）年時点での労働者階級の日給が約50〜70銭だったことからすると、10円は庶民にとって高額でした。当時の日本の人口約5000万人のうち、選挙権を持つ有権者はわずか2％程度でした。

貴族院と衆議院の立場は対等で、議会の重要な役割である国家予算の審議や法律の制定は、両院で可決しなければ成立しません。けれども、国家予算の審議は貴族院より先に衆議院で話し合われることが通例でした。

大正元年の時点で衆議院は381議席あり、「立憲政友会《りっけんせいゆうかい》」（以降、政友会と表記）に所属する議員が半数以上を占めました。政友会は初代首相の伊藤博文《いとうひろぶみ》によって結成され、第二次世界大戦後の日本の政権を長く担《にな》う自民党（自由民主党）の源流の1つです。所属議員の政治的な立場は多様でしたが、おおむね国民の政治参加の拡大をうながす穏健な改革派の政党でした。政友会よりやや急進的な改革派の「立憲国民党」は、藩閥政治の打破と、政党内閣（議会の多数を占める政党に属する政治家を中心とした内閣）の確立を唱《とな》え、政策や法案によっては政友会と協調しました。このほか、長州閥と陸軍の影響を受けた保守派の政党「中央倶楽部《くらぶ》」、政党に属さない無所属の議員もいました。

政権を左右した元老たち

現代の選挙においては、議会で最大多数を獲得した政党が政権を担う政党内閣が定着していますが、大正初期には政党内閣はまだ確立されていませんでした。議会と政府の力関係や政界の状況によって、政党内閣が成立する場合もあれば、議会に関係なく藩閥の有力者たちと天皇の話し合いによって首相が決められる場合もありました。後者の場合を「超然内閣《ちょうぜんないかく》」といい、首相を決める権限を持つ有力者は元老《げんろう》と呼ばれます。

元老のなかで最も強い影響力を持っていたのが、長州閥に属する陸軍元帥《げんすい》の山縣有朋《やまがたありとも》です。明治前期に陸軍卿《きょう》（陸軍大臣の前身の役職）として陸軍を整備し、二度にわたり首相を務め、政界では保守派の中心人物でした。このほかの顔ぶれは、同じく長州閥で元外務大臣・元大蔵大臣の井上馨《いのうえかおる》、薩摩閥に属する首相経験者の松方正義《まつかたまさよし》、同じく薩摩閥で陸軍元帥を務めた大山巌《おおやまいわお》らです。元老らはかつて倒幕運動を主導し、明治天皇のもとで新政府と陸海軍を組織して、日本を西洋諸国と対等な立場にまでのし上げた功労者たちです。明治末期より閣僚として政治に参加することはなくなったものの、依然《いぜん》として政界で大きな力を持っていました。ただ、元老の間でも、長州閥と薩摩閥という潜在的な対立や、政策についての方針の違いがあり、一枚岩ではありませんでした。

大正天皇の即位時、最大政党である政友会のトップ（総裁）であり、首相だったのが62歳だった西園寺《さいおんじ》公望《きんもち》です。西園寺は元老のなかで最年長の井上、松方と比較すると14歳下です。1906（明治39）年1月から約2年半の間、首相を務めたのちに退陣し、1911（明治44）年に再び首相（第二次西園寺内閣）となっていました。西園寺は名門の公家に生まれ、青年期にはフランスに留学して西洋諸国の自由主義的な思想の影響を強く受けます。明治前期には国会の開設と国民の政治参加を求める自由民権運動にも協力していました。こうした経歴を反映して、政治的な立場は穏健な改革派で藩閥政治には批判的であり、対外政策では諸外国との軍事的な衝突を避け、国際協調を重視する方針でした。

当時、西園寺と並ぶ政界の有力者が、前首相の桂太郎《かつらたろう》です。長州閥に属し、陸軍大将

◉政府の主な役職・機関（大正時代）

内閣　※「（　）」は機関の長

総理大臣	国務大臣の首班であったが、大日本帝国憲法に首相の権限についての記載はなく、行政に関する処分等を判断する権限は天皇が有していた。そのため、閣内不一致により、しばしば内閣総辞職に追い込まれた。
内務省（内務大臣）	地方行政をはじめ、土木や衛生、警察などさまざまな行政を管轄する。内務大臣は現在の副総理のような立場で、経験者から総理大臣に就任する者も複数いた。
外務省（外務大臣）	外国政府との交渉や条約の締結など、外交政策にまつわる行政を管轄する。
大蔵省（大蔵大臣）	国の財政（歳入・歳出）、税制、金融（貨幣や銀行）などに関わる行政を管轄する。現在の財務省の前身。
司法省（司法大臣）	裁判をはじめ、検察、刑罰の執行などに関する行政を管轄した。現在の法務省の前身。
農商務省（農商務大臣）	農林水産や商工業に関する行政を管轄。1925年に解体され、農林省と商工省が組織される。
逓信省（逓信大臣）	郵便や電信・電話、船舶に関わる行政のほか、鉄道や電気などに関わる行政も管轄するように。
陸軍省（陸軍大臣）	陸軍の軍政（軍隊の維持・管理など）を管轄。主に陸軍大将や中将が大臣に就任した。
海軍省（海軍大臣）	海軍の軍政（軍隊の維持・管理など）を管轄。主に海軍大将や中将が大臣に就任した。

そのほか

元老	法的な規定はないが、天皇を補佐しつつ、首相の選定など重要な事案に関与した。
枢密院（議長）	内閣から独立した機関。天皇の諮問《しもん》（意見を求めること）に応える役割を担っていた。

を務め、過去には台湾総督《そうとく》や陸軍大臣などを歴任しました。先述の山縣を政界の後《うし》ろ楯《だて》にしており、政治的な立場はどちらかといえば藩閥の影響力の維持をはかる穏健な保守派でした。対外政策では、ロシアなど対立する国家に対する強硬《きょうこう》姿勢を唱えていました。１９０１（明治34）年に首相に就任したのち、山縣の意向を反映し、ロシアとの戦争に備えて軍備拡張を推し進め、１９０４（明治37）年から翌年の日露戦争で日本が勝利し、戦後の外交交渉などを終えると首相を退任します。このあと西園寺内閣（第一次西園寺内閣）を挟《はさ》み、１９０８（明治41）年から約３年間、再び首相（第二次桂内閣）を務めました。

明治末期から大正初期における約12年間は、桂と西園寺が交互に首相に就任したこと

から、両人の名から一字ずつを取って「桂園《けいえん》時代」と呼ばれます。西園寺と桂は政治的な立場こそ異なりましたが、両人とも人柄は温和で、政策や法案によっては協調することもありました。そして交互に首相を務めるうち、桂はしだいに政友会に歩み寄ることが多くなります。内閣が作成した法案や予算案は議会で可決されなければ成立せず、議会の多数を占める政党の協力が必要だったからです。

ところが、そんな桂に対して山縣は不信の念を抱き、大正天皇の即位後、桂を内大臣兼侍従長《じじゅうちょう》の職に就《つ》かせて政治の実務的な場から遠ざけました。内大臣は政府の閣僚ではなく、天皇の補佐として政府の公文書に使われる御璽《ぎょじ》（天皇が公的に用いる印章）や国璽《こくじ》（政府が公的に用いる印章）などを管理し、侍従長は宮中で天皇に直接仕える職員（侍従職）のトップにあたります。それでも、桂はあきらめることなく、政界への復帰を模索します。

陸軍との衝突で内閣総辞職

改元こそ平穏に迎えた第二次西園寺内閣でしたが、それから4カ月後の1912（大正元）年12月2日に陸軍大臣だった陸軍中将の上原勇《うえはらゆう》作《さく》が、大正天皇に辞表を提出し、辞任します。その背景は次のようなものです。

日本は1910（明治43）年に、大韓《だいかん》帝国（韓国）を自国の領土に組み込みました（韓国併合）。その翌年に辛亥《しんがい》革命が起こると、1912（明治45）年に中国王朝の清が滅亡して帝政が廃止され、大総統を国家元首とする中華民国が成立します。もっとも、政権は安定せず内紛が続き、中華民国の領土で、日本の統治下の朝鮮に隣接する満洲《まんしゅう》（現在の中華人民共和国の東北部一帯）は不穏な状態でした。そのため、陸軍は朝鮮の防備を増強すべきと主張し、西園寺内閣に対して2個師団の増設を要求しました。

陸軍で1個師団の兵員は、戦闘のない平時で約1万

そのころ、世界では？

1912年、第一次バルカン戦争が起こる

ロシアの支援を受けたセルビア、ブルガリアほかバルカン同盟と、オスマン帝国との間で、第一次バルカン戦争が1912年に勃発《ぼっぱつ》しました。翌年には、同盟内の対立から第二次バルカン戦争が起こります。

人です。2個師団を増設するとなると、兵員の人件費、武器弾薬、兵舎の設備なども含めて多大な費用がかかります。しかし、明治末期から大正初期にかけての財政は、その費用を工面する余裕がありませんでした。日露戦争の際、戦費調達のため諸外国からの巨額の債務《さいむ》（借金）を抱え、その返済に追われていたからです。加えて、国内の工業化を推し進めるため、鉄鉱石をはじめとする資源を大量に輸入し、貿易赤字が続いていたことも要因です。

財源とは別に、陸軍と海軍の対立も内閣の方針に影響をおよぼしていました。西園寺は陸軍に強い影響力を持つ長州閥に対抗するため海軍と友好関係にありましたが、その海軍も新たな軍艦を建造するための費用を要求しており、陸軍の要望だけを聞き入れては海軍の反発を招くおそれがあったのです。

西園寺は結局、財政問題や予算の配分をめぐる陸軍と海軍の対立を考慮《こうりょ》し、2個師団の増設に応じませんでした。陸軍からは必然的に不満の声が上がり、内閣で陸軍を代表する立場にあった上原は陸軍大臣を辞任したのです。

上原の辞任は西園寺内閣にとって深刻なできごとでした。軍部大臣（陸軍大臣・海軍大臣）の人選は事実上、首相ではなく陸軍と海軍の上層部が握っていたからです。明治後期に議会で政党の影響力が高まると、文官の政治家が軍の方針に介入することを避けるため、山縣は首相在任中の１９００（明治33）年に、軍部大臣は陸海軍の現役の大将あるいは中将が務めるという、軍部大臣現役武官制を定めました。現役を退《しりぞ》いて戦争などの非常時のみ軍務に復帰する予備役《よびえき》、さらに予備役の期間を終えた後備役《こうびえき》の大将・中将は軍部大臣になれませんでした。しかも、陸軍と海軍は天皇の統帥権（指揮権）の下にあり、たとえ首相であっても軍部の人事に口を挟むことはできず、軍の上層部の同意がなければ軍部大臣は決められない仕組みだったのです。

すでに１８８２（明治15）年に、明治天皇の名で出された軍人の心得を定めた「軍人勅諭《ちょくゆ》」において、現役の軍人は士官も兵も政治に関わることが制限されていました。軍人は自主的に現役を退くか、予備役または後備役にならなければ選挙権も被選挙権もなく、政党に参加することもできませんでした。こうした状況において陸軍大臣と海軍大臣の人選は、陸軍と海軍が政府に対する意思表示にもなったのです。

山縣と陸軍の高官たちは西園寺が２個師団の増設を受け入れることを期待して、西園寺と交渉のうえで後任の陸軍大臣を決めようとしましたが、話はまとまらず、第二次西園寺内閣は総辞職しました。師団の増設要求から内閣総辞職までの一連の動きを「2個師団増設問題」といいます。

憲法を盾に藩閥を批判

上原の辞任による、西園寺内閣をゆさぶる動きは、軍備拡張を実現させたい陸軍内の中堅の士官や、上原が属する薩摩閥、首相への復帰をはかる桂太郎らが進めたものです。しかし、国民や政界の多数の議員からは、陸軍の実質的なトップといえる山縣の意向と解釈されました。西園寺内閣が総辞職したのは、山縣、陸軍、長州閥の横暴とみなされ、国民の間では閥族《ばつぞく》（政治を左右している藩閥、軍の上層部、一部の高級官僚、政界との結びつきが強い財界人などの総称）を批判する声が広がります。

とくに福沢諭吉《ふくざわゆきち》を中心として、多数の文化人や実業家が参加していた社交クラブの交詢社《こうじゅんしゃ》では盛んに閥族批判が展開されます。交詢社の有志、元文部大臣で政友会に属する尾崎行雄《おざきゆきお》（尾崎咢堂《がくどう》）、立憲国民党の中心的な議員である犬養毅《いぬかいつよし》は政治団体「憲政擁護《けんせいようご》会《かい》」を結成し、憲法にもとづく政治（憲政）を行うことと、閥族が主導する政治の打破を唱えます。その際、イギリスをはじめ議会政治が定着していた諸外国では、議会の多数を占める政党が内閣を担《にな》うこと（議院内閣制）が一般的だったことから、憲政擁護会は「国民の選挙で議席を得た衆議院の第一党が内閣を担うことが正しい憲政」（憲政の常道）だと主張しました。

憲法と政治の関係性への関心が高まっていたのは、大正への改元の直前に、東京帝国大学（現在の東京大学）の教授である法律学者の美濃部達吉《みのべたつきち》が『憲法講話』を刊行したことも影響しています。

美濃部は同じ法律学者の一木喜徳郎《いちききとくろう》とともに「国の統治権は君主（天皇）個人に属するのではなく、法人（組織）としての国家に属し、君主（天皇）は国家を構成する機関の1つだ」と主張しました。これは「天皇機関説」といい、こののち昭和前期には天皇の権威を否定する学説として、多数の軍人や政治家から非難を受けることになります。

ただ、大正時代においては、法律学の学界でも、皇室関係者や元老、政府要人からも問題視されることなく、受け入れられていました。つまり、昭和前期よりも大正時代のほうが憲法に対する考え方は柔軟《じゅうなん》だったといえます。

第二次世界大戦後に成立する日本国憲法とくらべ、大日本帝国憲法は国民の権利を制限していました。ただし、藩閥の有力者や軍の上層部が政治を左右することの裏づけになるような条文はありません。法律の制定は天皇が帝国議会の協賛のもとで行う（天皇の決定に議会が同意することで法律が成立する）、行政を担当する国務大臣が天皇を輔弼《ほひつ》（補佐）してその責務を果たすとのみ定めています。また大日本帝国憲法は、明治天皇が定めて国民に授けた憲法（欽定《きんてい》憲法）という形式をとっていました。天皇の権威のもとで政治を担ってきた元老ら古参の政治家にとって、天皇が定めた憲法にもとづく政治を行うことを求める憲政擁護会の意見は、無視するわけにいかなかったのです。

巻き返しをはかるも失敗

憲政の擁護を唱える声が高まるなか、元老らは西園寺の次の首相を誰にするか話し合います。山縣は自身と同じく長州閥に属し、陸軍大臣や朝鮮の統治機関である総督府の長官を務めた寺内正毅《てらうちまさたけ》を次の首相にしたいと考え、桂太郎も同意したといわれます。しかし、上原の辞任で西園寺内閣が総辞職に追い込まれて以来、陸軍と長州閥に対する批判が高まっていたことから、山縣は寺内の推挙を取り下げます。

協議が重ねられた末、元老たちは桂太郎の再登板を決定し、大正天皇に推挙しました。先述したように、桂は上原の辞任に同調しましたが、これは自身が首相に再任されることへの期待が理由であり、本心では2個師団の増設に乗り気でなかったといわれます。

桂は国民の間でも議会でも陸軍と長州閥に対する反発が高まっていた状況を考慮し、大正天皇から「内大臣兼侍従長を退任して首相に転じることを許可する」という内容の勅語《ちょくご》

◉元老の一覧

長州閥	薩摩閥
井上馨(1835-1915)	松方正義(1835-1924)
山縣有朋(1838-1922)	黒田清隆(1840-1900)
伊藤博文(1841-1909)	大山巌(1842-1916)
桂太郎(1847-1913)	西郷従道《つぐみち》(1843-1902)

長州閥 —影響力→ 陸軍
薩摩閥 —影響力→ 海軍

(網掛け)の人物は1912年時点で存命。1916年には西園寺公望（京都出身）が元老となる。

（天皇の口頭での意思表示）を得たうえで、組閣に着手します。

１９１２（大正元）年12月21日に発足した第三次桂内閣の主要な閣僚は、元大蔵次官の若槻礼次郎《わかつきれいじろう》が大蔵大臣、元駐英《ちゅうえい》公使の加藤高明《かとうたかあき》が外務大臣、元警視総監《けいしそうかん》の大浦兼武《おおうらかねたけ》が内務大臣、元台湾民政長官・元鉄道院総裁の後藤新平《ごとうしんぺい》が逓信《ていしん》大臣です。この顔ぶれは、藩閥の有力者とも政友会とも距離を置いたものであり、当時は桂も西園寺と同様、藩閥が主導する政治を脱し、新しい体制を目指すようになっていました。

かねてより桂は政治の表舞台に復帰したあかつきには、山縣をはじめとする元老にも政友会にも妥協《だきょう》せずに政策を進めるべく、自身を支持する新たな政党を組織することを考えていました。翌１９１３（大正２）年１月20日、桂は中央倶楽部を母体とした新党の結成計画を発表したうえ、政友会、立憲国民党の議員の取り込みをはかります。

ところがこの間、憲政擁護会を中心に、政友会と立憲国民党、さらには多くの国民が桂への反発を強めていました。国民の間では桂は山縣の部下という印象が根強く、陸軍の２個師団の増設を強行するだろうと思われていたのに加え、首相就任を正当化するために大正天皇の勅語を利用したことが憲政をないがしろにする行為と映ったためです。

1月24日、東京市内（現在の東京都23区の主要地域）で憲政擁護会が桂内閣を糾弾《きゅうだん》する大規模な集会を開催すると、約3000人が集まりました。

国民の間に広がった憲政擁護の声は歴史上、「第一次護憲運動」と呼ばれる大規模な政治運動に発展します。これは大正時代を通じた民主主義の高まり、いわゆる「大正デモクラシー」の発端《ほったん》となります。政友会の総裁である西園寺と、その腹心で幹部の原《はら》敬《たかし》（第一次・第二次西園寺内閣の内務大臣）は桂園時代を通じて桂と友好を深めており、当初は桂への批判を控《ひか》えました。それでも、世論の高まりを受け、憲政擁護会に同調する立場に傾いていきます。

国民のデモで政権が倒れる

組閣後も桂は新党に加入する議員を募《つの》りましたが、なかなか集まりませんでした。桂を支持する中央倶楽部に所属する議員を含めても、衆議院の議席の5分の1あまりにとどまります。これは桂の予想を大きく下回る数でした。すると、政友会と立憲国民党は1913（大正2）年2月5日に、衆議院に内閣不信任案を提出します。賛成多数で可決されるのはほぼ確実でした。困り果てた桂は、2月9日まで帝国議会を一時的に停止します。そのうえで大正天皇は政友会に対し、内閣不信任案を撤回《てっかい》するよう勧める勅語を出します。しかし、政友会や憲政擁護会、国民の大多数は、またしても桂が天皇を政治利用したととらえ、ますます内閣への反発が強まります。

2月10日に帝国議会が再開されると、数万人もの群衆が議事堂を取り囲んで桂に対する大規模な抗議デモを展開し、議事堂を警備する警官隊と衝突したほか、大臣官邸《かんてい》や交番、桂内閣を支持する『国民新聞』の社屋などを襲撃しました。桂内閣を非難する運動が各地の主要都市にも広がると、騒動がこれ以上拡大することを懸念《けねん》した桂は内閣

を総辞職します。こうして、第三次桂内閣はわずか53日間で終わりました。

国民のデモによって政権が倒れたのは日本の歴史上で初めてのできごとです。2個師団増設問題を起点として、第三次桂内閣の成立と崩壊《ほうかい》までの一連のできごとは「大正政変」と呼ばれます。

たまっていた政府への不満

大正政変が起こった背景には、国民の政治参加を求める声が高まりつつあったことがあります。当時、すべての男性に兵役の義務がありました。明治後期に日清戦争と日露戦争という対外戦争が勃発すると、各地の農村や都市から何十万人もの人が徴兵され、戦場に赴《おもむ》きました。いずれの戦いにも勝利したことから、国民の間では「一部の政治家や軍の上層部だけでなく、自分たちが国家を支えている」という意識が高まり、愛国心が強まります。同時に「自分たちも国のために血を流して貢献《こうけん》しているのだから、政治に参加することを認めるべきだ」と考える人々も増えました。ただ、選挙に参加できない以上、政府への不満を表明する手段としてデモなどが用いられたのです。

また国民をデモに駆《か》り立てたのは、政治参加への要求だけではありません。日露戦争の際、政府は戦費調達のため諸外国からの巨額の債務を抱え、その返済のために増税を断行します。ところが、日本が勝利したにもかかわらず、終戦後の１９０５（明治38）年９月に結ばれた講和条約（ポーツマス条約）では、ロシアから賠償金《ばいしょうきん》を得ることができませんでした。重税に耐えて戦争に協力してきた国民の多くはこの講和条約に反発し、東京市の日比谷《ひびや》公園に集まった群衆によって暴動が起こりました（日比谷焼打事件）。この事件後も重税は続き、国民の不満は募るばかりだったのです。

加えて、工場労働者が増加した明治後期から社会主義思想が広まると、賃金や労働時間など労働条件の待遇改善や社会保障の充実を求め、集会やデモが全国各地で多発しました。全国各地で一斉にデモが発生した背景には、義務教育によって識字率が上昇し、大衆が新聞や雑誌などから情報を得られるようになったことも影響していました。陸軍が軍部大臣現役武官制を利用して第二次西園寺内閣を総辞職させた事実や、桂が保身のために大正天皇の勅語を利用したことを批判する憲政擁護会の主張は、メディアを通じて大衆に伝わり、桂内閣を非難する集会の様子などの情報も素早く共有されました。

ほかにも、隣国である中国王朝の清が1912（明治45）年に滅亡し、代わって中華民国が建国されたことも影響しました（くわしくは本章で後述）。つまり、当時の日本人は、民衆が立ち上がり権力者を打倒した隣国の情報に接していたのです。このことは憲政擁護会の参加者をはじめ、日本国民に大きな刺激を与えました。

政友会と手を組んだ海軍大将

桂が内閣総辞職を申し出たのち、元老と政友会を率いる西園寺の協議によって次の首相に任じられたのは、海軍大将の山本権兵衛《やまもとごんべえ》でした。明治後期まで山縣を筆頭に陸軍の将官は長州閥が多数を占め、海軍は薩摩閥の将官が多数を占めました。長州閥で陸軍に属する桂太郎が国民の非難を浴びたことから、政友会と比較的に関係が良好だった薩摩閥で海軍に属する山本が適任と判断されたのです。山本は、海軍では艦隊の指揮よりも組織運営に深く関わり、最新の軍事知識が不十分な古株《ふるかぶ》の軍人を退任させ、代わりに若手の優秀な人物を抜擢《ばってき》するなど海軍内の改革を推し進めます。日露戦争中を含めて、約8年間にわたって山本は海軍大臣を務めました。

1913（大正2）年2月10日に発足した山本内閣は、元外務省の官僚の牧野《まきの》伸顕《のぶあき》を外務大臣として迎えます。牧野の実父は明治初期の内務卿（内務大臣）で、西郷隆盛《さいごうたかもり》とともに薩摩閥の最大の有力者だった大久保《おおくぼ》利通《としみち》です。幼少期に親類の牧野家に養子入り、成人後は外交官となり、過去二度にわたって西園寺内閣で大臣を務め、薩摩閥とも西園寺公望とも友好関係にありました。

内務大臣に原敬、司法大臣に松田《まつだ》正久《まさひさ》、逓信大臣に元田肇《もとだはじめ》と政友会の有力者を閣僚に迎え、大蔵大臣として入閣した高橋是清《たかはしこれきよ》（大正後期に首相就任）と農商務大臣として入閣した日本銀行元総裁の山本達雄《やまもとたつお》らが、内閣の発足後に政友会に入党するなど、議会の主導権を握る政友会に歩み寄る方針をとりました。

そのころ、世界では？

1913年、アメリカにハリウッドが誕生

アメリカの映画会社は初め、東部の都市に集中していましたが、撮影や配給の権利をめぐるトラブルで西部のカリフォルニア州に移ります。1913年からその動きが本格化し、ハリウッドは形づくられます。

大正政変の熱気がいまだ冷めないなか、山本は第二次西園寺内閣が総辞職するきっかけとなった軍部大臣現役武官制を廃止し、引退した将官であっても陸軍大臣・海軍大臣に就けることを認めます。この山本の方針を、桂内閣から留任となった陸軍大臣の木越《きごし》安綱《やすつな》と、その後任の楠瀬幸彦《くすのせさちひこ》は支持します。2人は長州閥ではなく、山縣と距離を置いていたからです。

山本の改革はこれにとどまらず、かつて山縣が首相在任中に定めた文官任用令による官僚の採用に関する規則を改正します。山縣は政党に属する閣僚が自身の所属する政党の幹部を政府の要職に任命することを嫌って、中央官庁や地方自治体の要職は高等文官試験（高文《こうぶん》）の合格者のみを採用するように定めていました。山本はこれを緩和し、中央官庁の要職のなかでも省庁の次官や議会の書記官などは、たとえ高文の合格者でなくても経歴や実力が備わった者ならば就任できる制度に変更したのです。

2つの新党が成立

桂内閣批判に消極的だった原敬らが山本内閣に参加したのに対し、同じ政友会の議員のなかでも、憲政擁護会に深く関わっていた尾崎行雄は政府を批判する立場を一貫し、山本内閣の発足直後に政友会から独立して新たに「政友倶楽部」を結成します。尾崎のほか二十数名の議員が属し、議会では減税などを主張しました。

また、桂が進めていた新党を結成する動きは、加藤高明が引き継ぎました。加藤は、財界の有力な企業グループである三菱《みつびし》財閥を束ねる三菱本社（三菱系列の銀行、商社、造船などの各社の株式をまとめて所有する親会社）の幹部から政治家に転じた人物です。日露戦争の開戦前、第四次伊藤博文内閣では外務大臣としてイギリスとの同盟（日英同盟）の締結に尽力し、第一次西園寺内閣と第三次桂内閣でも外務大臣を務めました。

加藤が立ち上げた新党の名は「立憲同志会」といい、１９１３（大正２）年12月に発足しました。その所属議員は桂の支持基盤だった中央倶楽部を母体としつつ、立憲国民党と政友会から離党した議員や一部の官僚も参加しました。結党の時点で93人の議員が属し、議会において政友会と肩を並べる一大勢力に発展していきます。なお、党の創設に関わった桂は癌《がん》を患っていたうえ、内閣総辞職後の気力の衰えもあり、結党を見届けることなく同年10月に65歳で死去しました。

大正政変から山本内閣の成立、そして2つの新党の成立によって政界の構図は変化します。桂の死去により桂園時代は終わりを迎え、山本内閣による軍部大臣現役武官制の廃止により、軍部の政界への影響力は後退しました。そして、第一次護憲運動で桂内閣が退陣に追い込まれたことにより、もはや山縣ら元老も内閣も、国民の声を無視できなくなりました。これ以降、元老の影響力は弱まり、議会は政友会とそのほかの政党との対立を軸に動いていくことになります。

隣国とはつかず離れず

成立したばかりの山本内閣にとって大きな課題は、1912（明治45）年に成立した中華民国との外交関係でした。ここで中華民国が成立する以前、日本と清の外交関係を交えつつ、話をしておく必要があります。

明治後期、清の打倒を唱える革命家の孫文《そんぶん》や、その同志の宋教仁《そうきょうじん》や黄興《こうこう》らは、日本の明治維新を革命のモデルととらえ、清政府による弾圧を逃れ、たびたび日本を訪れました。この時期、貴族院議員の近衛《このえ》篤麿《あつまろ》（昭和前期の首相である近衛文麿《ふみまろ》の父）、のちに憲政擁護会を結成する犬養毅をはじめとする一部の政治家は、清からの留学生を私的に支援しました。このほか、アジア主義（西洋諸国に対するアジア人の連帯を唱える思想）を主張した頭山満《とうやまみつる》、明治中期に自由民権運動の影響を受けてアジア各国の革命を唱えた宮崎滔天《みやざきとうてん》、天皇を中心とする国家社会主義を構想した北一輝《きたいっき》、貿易商の梅屋庄吉《うめやしょうきち》ほかの民間人らが、資金や武器の調達を工面するなど、孫文ら革命勢力に協力しています。

ただ、日本政府は清政府から公式に保証されていた清国内での日本の経済活動の自由、日本軍人の駐留《ちゅうりゅう》などの利権を維持するため、孫文ら革命勢力と直接関わることは避けていました。その政府の姿勢も１９００（明治33）年に清で起こった、北清《ほくしん》事変（義和団《ぎわだん》事件）で変化します。日本政府は鎮圧《ちんあつ》に軍を派遣したのち、西洋諸国とともに清政府と北京《ペキン》議定書《ぎていしょ》（辛丑条約《しんちゅうじょうやく》）を取り交わし、清の首都である北京に軍隊を駐留させるようになります。さらに日露戦争に勝利し、１９０５（明治38）年にポーツマス条約を結ぶと、ロシアの租借地《そしゃくち》（外国の政府や軍隊が利用できる借地）だった清の遼東《りょうとう》半島や、ロシアが満洲に敷設《ふせつ》した東清《とうしん》鉄道の南部（長春《ちょうしゅん》～旅順《りょじゅん》の区間）を獲得します。そのうえで南満洲鉄道株式会社（満鉄）を設立し、沿線地域に守備隊を駐留させました。この守備隊は1919（大正8）年以降、関東軍と呼ばれます。

その後、1911（明治44）年10月に清の中部の都市である武昌《ぶしょう》（現在の湖《こ》北《ほく》省武《ぶ》漢《かん》市の一角）から辛亥革命が始まります。同年末には革命を支持する勢力が南部の大部分の省を勢力下に収め、翌年1月には革命運動の中心的な指導者だった孫文が中華民国の成立を宣言し、中華民国の実質的なトップにあたる臨時大総統に就任します。この段階では、首都の北京と満洲を含む北部の省は清の支配下にあり、強力な北洋《ほくよう》新軍を率いる袁世凱《えんせいがい》が実権を握っていました。中華民国にはこれら北部の省を制圧するだけの軍事力がなかったことから、孫文は袁世凱と交渉し、清の宣統帝《せんとうてい》を退位させることと引きかえに、袁世凱に中華民国の大総統の地位をゆずることを約束します。袁世凱は宣統帝を退位に追

◉日露戦争時の東アジア

い込み、約300年間続いた清は滅亡しました。

日本の政治家や官僚のなかには、革命勢力（中華民国）を支持する者もいましたが少数にとどまりました。政府にとって最大の関心は、日清戦争以降、日本が段階的に清から獲得した利権の維持であり、そのため政府内では清の存続を望む声が強く、加えて、元老は日本でも君主政の打倒をはかる運動が広がることを警戒しました。そうして革命への直接介入を控えたことで、日本と中華民国の政府間の外交関係は途絶えます。

日本が大正政変にゆれた1912（大正元）年末から翌年3月にかけて、中華民国で初の国政選挙が行われます。孫文らが結成した国民党が多数の議席を獲得すると、民主的な議会政治の確立を唱えますが、独裁体制を敷きたい大総統の袁世凱は国民党を弾圧し、幹部を暗殺します。すると、国民党を中心とする革命勢力が袁世凱の打倒を唱え、同年7月に決起しました。これは宣統帝の退位までの段階（第一革命）に対し、第二革命と呼ばれます。しかし、袁世凱の率いる北洋新軍によって革命勢力の動きは鎮圧され、孫文らはやむなく日本へ亡命しました。

第二革命の鎮圧の際には、現地の日本人が巻き込まれています。山東省《さんとう》と湖北省では北洋新軍に日本陸軍の士官が捕《とら》えられて暴行を受け、北洋新軍による南京《ナンキン》の制圧時に日本の民間人3名が殺害されました（1913年南京事件）。日本人が被害を受けたにもかかわらず山本内閣が積極的な対抗措置をとらなかったため、日本国内の孫文らを支援する人々、立憲国民党や中央倶楽部の一部の議員は、内閣を弱腰《よわごし》と非難しました。9月には、袁世凱政権との交渉を担当していた外務省政務局長が、中華民国への強硬姿勢を主張する急進的な国家主義者によって暗殺される事件まで起こります。

政府内外からつき上げられた山本内閣は中華民国政府に抗議し、袁世凱は一連の事件の責任者の処罰《しょばつ》と、日本への賠償に応じました。これを機に、日本政府は10月に中華民国を国家として承認し、外交関係がスタートします。とはいえ、清の政府が解体されたため、それまで日本の外交官や清に駐留する日本の軍人が、清の要人と結んでいた信頼関係にもとづく外交ルートは失われ、日中関係は不安定なまま続くことになります。

大国との複雑な外交関係

山本内閣が中華民国への対応に消極的だったのには以下の理由があります。さかのぼること日露戦争の開戦前の１９０２（明治35）年、日本はロシアの勢力拡大に対抗するためイギリスと同盟（第一次日英同盟）を結びます。１９０５（明治38）年にはイギリスの意向に沿って同盟を延長し（第二次日英同盟）、日本とイギリスの双方が、清から得た租借地（相手国が自由に利用できる土地）などの権益を認め、たがいに介入しない方針をとります。そのイギリスが袁世凱政権に友好的だったことから、山本内閣は中華民国政府に対する強硬姿勢を控え、袁世凱と対立していた孫文ら革命勢力を支援することを避けたのです。

満洲の北部を実質的な支配下に置いていたロシアは、日露戦争で日本に敗れると、東アジアでのさらなる勢力拡大をあきらめて、現状維持の方針をとります。日露両国は１９０７（明治40）年に第一次日露協約、１９１０（明治43）年に第二次日露協約を結び、日本

◉第三次日露協約の締結後の東アジア

が朝鮮を支配下に置くことと、満洲の北部はロシアが、南部は日本が勢力圏とすることを相互に認めます。さらに辛亥革命に際し、それまで清の支配下にあったモンゴル（蒙《もう》古《こ》）で独立運動が起こると第三次日露協約を結び、満洲と隣接する中華民国の内蒙古《ないもうこ》（現在の中華人民共和国内モンゴル自治区）の東部は日本、西部はロシアの勢力圏と両国の間でとり決められました。ただし、これは中華民国政府と内蒙古の住民の了承を得たものではありませんでした。

このように大正初期は、イギリスともロシアともおおむね良好な関係にありました。一方、やや険悪な関係だったのがアメリカです。明治時代を通じて、没落した旧武士、自分の農地を得たい農民、起業を目的とする人々などが、日本からアメリカのハワイ準州や太平洋に面した州などに移民し、その数は7万人以上におよびました。しかし、アメリカではアジア人への差別意識があったうえ、低賃金で働く移民に職を奪われるとアメリカ人に警戒され、日系移民を排斥《はいせき》する運動が広がりつつありました。

1913（大正2）年には、とくに日系移民が多かった太平洋岸のカリフォルニア州において、外国人（移民者）の土地の所有を禁止する法律が制定されます。山本内閣はアメリカ政府にこの法律の廃案を要望します。これに対してアメリカは、州ごとの地方政府の権限が大きく州政府が独自に定めた法律に中央政府（連邦政府）は介入できないと拒絶しました。アメリカとの間に生じた摩擦《まさつ》は、中華民国への対応と同じく、立憲同志会と立憲国民党の所属議員、民間の国家主義団体らが、山本内閣を非難するかっこうの材料となりました。

海軍の汚職で内閣総辞職

山本内閣は内政と外交でそれぞれ課題を抱えつつも、政友会との協調を維持し、自身が属する薩摩閥と海軍を優遇《ゆうぐう》することもなかったことから、大正政変で高まった国民の反発はしだいに収まり、おおむね安定した政権運営でした。ところが、予想だにしないスキャンダルが発覚し、山本内閣は危機にさらされることになります。

１９１４（大正３）年1月22日にイギリスのロイター通信が、次のような事件を報じます。ドイツの重工業メーカーであるシーメンスが日本海軍から軍艦を受注するため、密かに日本の海軍関係者に賄賂《わいろ》を贈《おく》り、社員の１人がこの秘密を暴露すると言って、会社から金をゆすり取ろうとして逮捕《たいほ》されたというのです。この海軍の贈収賄《ぞうしゅうわい》事件は「シーメンス事件」と呼ばれます。明治中期から日本の造船業は本格的に発達し、民間の商船や小型の軍艦は国産化が進みましたが、大型の軍艦の大部分は外国企業に製造を発注し、完成品を輸入していたという事情がありました。

シーメンスとの不正な取引が行われたのは、山本内閣の成立以前の1910（明治43）年のことで山本は関わっていません。しかし、海軍と薩摩閥を代表する立場にあった山本は、立憲同志会に属する多数の議員から議会できびしく非難されます。

事件の調査が進むと、賄賂を受け取った海軍大佐の沢崎寛猛《さわざきひろたけ》と海軍機関少将の藤井光五郎《ふじいてるごろう》が検挙されます。両名は軍艦の発注や製造を担当する立場にありました。しかも、海軍がイギリスの重工業メーカーであるヴィッカースとも不正な取引を行っていたことが発覚し、仲介した三井物産《みついぶっさん》常務取締役の岩原謙三《いわはらけんぞう》ほか数名の重役、ヴィッカースから賄賂を受け取っていた海軍中将の松本和《まつもとかず》らが次々と収監されました。

事件の全容が明らかになってきた1914（大正3）年2月10日に、立憲同志会や立憲国民党ほかの野党議員が衆議院に内閣弾劾《だんがい》の決議案を提出したものの、議席の過半数を占める与党である政友会によって否決されます。同日には、数万もの群衆が帝国議会の議事堂を取り囲んで抗議デモを行う事態にまで発展します。警官との衝突で群衆や報道関係者が負傷すると、警察を指揮する立場にあった内務大臣の原敬を弾劾する決議案が野党によって衆議院に提出されますが、これも否決されました。

山本内閣はシーメンス事件が発覚する以前から、国家予算の審議に海軍の大幅拡張を盛り込んだ予算案を提出していました。この予算案は議会では猛反発《もうはんぱつ》を受け、衆議院でこそ政友会に支持されて可決されたものの、貴族院では多数の議員が海軍関係の予算の大幅削減を唱えます。それまで貴族院が内閣と対立することはまれでしたが、この時期の貴族院は政友会を敵視する官僚出身の議員が増加しており、しかも元陸軍軍人や長州閥の議員の多くが、海軍と薩摩閥への対抗意識から山本内閣に反発していたのです。この陸軍と海軍の対立は根深く、昭和前期まで続くことになります。

山本は衆議院と貴族院それぞれの代表が話し合う両院協議会を開きましたが、それでも合意が得られなかったため、予算案の成立をあきらめ、3月24日に内閣は総辞職しました。

臨海部に築かれた工業地帯

山本内閣が総辞職する直前の1914（大正3）年3月20日、東京市の主催のもと「東京大正博覧会」が開かれました。会場は上野公園（現在の東京都台東《たいとう》区）、青山練兵場（現在の東京都新宿区・港区・渋谷区にまたがる一帯）、芝浦《しばうら》（現在の東京都港区）などでした。家庭用ガス暖房、ガス調理器具、自動車、飛行機といった最新の工業製品をはじめ、国内外のさまざまな物産が展示され、とくに日本で初めて〝動く階段〟、すなわちエスカレーターが設置されて話題を呼びます。4カ月にわたる開催期間で、のべ746万人以上が会場を訪れました。

東京商業会議所の会頭を務める中野武営《なかのぶえい》は東京大正博覧会の開催式において、大正政変で閥族批判が高まったことを意識したのか、「実業界には藩閥なく、党閥《とうばつ》なく」と発言します。明治中期までは政府が産業を振興し（殖産興業《しょくさんこうぎょう》）、製糸、紡績《ぼうせき》、造船などの大規模な工場を建てていました。それが大正初期ともなると、中野の発言が物語るとおり、民間企業が産業界をリードするようになっていたのです。

産業界で有力だったのは同族経営の企業グループである財閥です。なかでも、呉服店から発展して金融や貿易などの分野に進出した三井財閥、鉱山経営から発展した住友《すみとも》財閥、海運業から発展した三菱財閥は、後世において三大財閥と呼ばれます。これに続いて成長しつつあったのが、実業家の浅野《あさの》総一郎《そういちろう》が設立したセメント工業や造船などを手がける浅野財閥と、安田《やすだ》善次郎《ぜんじろう》が設立した金融、不動産などを手がける安田財閥です。

明治末期の東京の沿岸部には大型船が接岸できる十分な港湾施設がなく、海外や日本各地から船で運ばれてきた物資の多くは横浜港から小型船に一度積みかえられてから搬入《はんにゅう》され、さらに鉄道で内陸の工場に運ばれていました。浅野は西洋諸国の沿岸部では工業地帯

が発達していることに着目し、現在の東京都港区、品川区、神奈川県横浜市の鶴見区《つるみ》周辺の沿岸部を埋《う》め立《た》てたうえ、臨海部に工業地帯を築く事業を構想し、安田が全面的に協力しました。

埋立地には製鉄、電気製品、化学製品などの工場が次々と建設され、後年には、東京と横浜の一字ずつを取って「京浜《けいひん》工業地帯」と呼ばれるようになります。浅野と安田の業績の名残として、現在も横浜市鶴見区の沿岸を走るJR鶴見線には「浅野」「安善《あんぜん》」という駅があります。

3割以上の家庭が電灯を利用

京浜工業地帯の成立に見られるように、都市部の発達はめざましいものでした。明治中期に約100万人だった東京市の人口は大正初期には250万以上となり、近郊の地域にも住宅地が広がっていきます。近畿地方では、1897（明治30）年に大阪府大阪市で第一次市域拡張が行われて以降、港湾設備や紡績工場などが整備され、人口も約80万人から約150万人に急増しました。

都市部の人口が急激に増加した大きな要因は、近隣の農村や漁村から家の跡取《あとと》りではない女子や二男以下の男子が流入し、商工業に従事するようになったからです。大正政変のような政治運動が盛り上がった背景として、新聞や雑誌などのメディアに接する都市部の住民が増え、商業会議所や同業組合といった団体を通じて、商工業者や労働者同士の連帯が広がっていた点もあげられます。

さらに都市部では急速に電力網や交通網が普及しつつありました。一般家庭への電力の供給は明治20年代に始まり、大正初期には電灯の普及率が全世帯の30%台にまで達します。現在の山梨県大月《おおつき》市にある駒橋《こまはし》発電所をはじめ、大都市の近郊には水力発電所が次々と建設され、電気料金が低価格化したことが普及の要因です。アメリカのゼネラル・エレクトリックと提携していた東京電気（現在の東芝）が、明治末期から寿命の長いタングステン電球を日本でも発売すると、大正時代の電球の主流になりました。

このころの大半の鉄道では、石炭を燃料とする蒸気機関車を走らせていましたが、石炭は重く輸送が困難なうえ、石炭を燃やすと大量の煙《けむり》が出て、沿線の建物が煤《すす》まみれになるという難点がありました。そのため、都市部を中心に鉄道の電化が進められました。

1914（大正3）年に開通した、東京と横浜を結ぶ京浜線（現在の京浜東北線の一部区間に相当）は、開業当初から電車線（電化された鉄道）でした。

同年には、現在の東京都千代田区に東京駅が完成し、東海道線や山手線など多数の路線が発着するターミナル駅として発展していきます。東京駅はもともと中央停車場という名称で建設が始まり、皇族らが利用することを想定し、宮城《きゅうじょう》（現在の皇居）の東側の大手門から数百メートルほどの位置に建てられました。現在でも駅舎の東側中央の乗降口は皇族専用であることから「皇室口」と呼ばれ、普段は閉鎖《へいさ》されています。中央にドームを備え

た赤レンガの駅舎は、東京帝国大学教授で建築家の辰野《たつの》金吾《きんご》の設計です。

列車以外の交通手段として自動車も普及しはじめます。外国産の自動車が明治30年代から輸入されるようになり、1912（大正元）年8月には東京市内で最初のタクシー業者が開業しました。その2年後、実業家の橋本増治郎《はしもとますじろう》が創業した快進社が、部品に至るまで純国産のガソリンエンジン乗用車のダット号を開発し、先述の東京大正博覧会に出品し、受賞しています。個人が所有する乗用車はまだまだ少数でしたが、東京市、大阪市、神戸市ほか全国各地の主要都市で、乗合《のりあい》自動車と呼ばれるバスの運行を開始しています。

もっとも、こうした交通網や電気ほかの近代的な産業の恩恵を享受《きょうじゅ》していたのは、当時の総人口のうち少数の都市部の住民だけでした。大正初期の労働人口の約70％は農村や漁村に居住する第一次産業従事者でした。明治後期には農具の改良こそ進んでいたものの、農民や漁民の日々の仕事の大部分は人力で、電灯や自動車などの機器が本格的に地方にまで普及するのは昭和になってからのことです。

大正時代の偉人❶

日本の民俗学の創始者

柳田國男

Yanagita Kunio

1875（明治８）～
1962（昭和37）年

各地から集めた情報をもとに書物を著す

現在の兵庫県福崎《ふくさき》町に生まれ、教育者だった父のもとで育ち、成人後に大審院《だいしんいん》の判事である柳田《やなぎた》直平《なおひら》の養子になりました。青年期は森鷗外《もりおうがい》をはじめ、さまざまな文化人と交流します。東京帝国大学を卒業後、農商務省に入省して各地の村落を調査し、貴族院の書記官長、国際連盟の委任統治委員、枢密《すうみつ》顧問官《こもんかん》などを務めます。

公務のかたわら、各地の民衆の生活や伝承などを調べる民俗学の研究会を発足させ、『郷土研究』『民間伝承』などの雑誌を刊行し、読者となった全国の学校教師や在野の研究者たちとの手紙のやりとりを通じて、地方の歴史や習俗についての情報を大量に集めました。

岩手県遠野《とおの》地方の伝承をまとめた『遠野物語』、明治維新後の民衆の衣食住や働き方などの変化を記した『明治大正史 世相篇』ほかの著作を残します。第二次世界大戦後、日本民俗学会を設立し、初代会長を務めました。

第二章

世界大戦の影響

十数年ぶりの再登板

1913（大正2）年の大正政変以来、国民の政府に対する非難は収まらず、それどころか翌年のシーメンス事件で批判は高まる一方でした。さらには、山本《やまもと》内閣が海軍の予算問題に行きづまって総辞職すると、元老《げんろう》らは次の首相を誰にするか話し合います。

そうして、政府と貴族院の関係改善をはかろうと、貴族院議長で公爵の徳川家達《とくがわいえさと》が有力候補にあがります。家達はかつての徳川将軍家の一族（御三卿《ごさんきょう》）にあたる田安《たやす》家の出身で、江戸幕府最後の将軍だった徳川慶喜《よしのぶ》から徳川宗家を継いだ人物です。1890（明治23）年に帝国議会が開設されて以後は貴族院議員を務めており、家柄《いえがら》や政治家としての経験から首相となるのに申し分ないと判断されたのです。しかしながら、江戸幕府が倒れて明治政府が成立してから四十数年が経ってなお、政界には徳川家の人間を政府の首脳とすることへの抵抗感が根強くありました。そのため、家達は首相就任の要請を辞退します。

続いて有力候補にあがったのが、清浦奎吾《きようらけいご》です。幕末期の肥後《ひご》（現在の熊本県）出身で、僧侶の家に生まれました。家達と同じく貴族院の古参議員であり、過去に司法大臣、農商務大臣、内務大臣などの要職を歴任した人物です。元老から指名を受けた清浦はただちに組閣に着手します。清浦が海軍中将《ちゆうじよう》の加藤友三郎《かとうともさぶろう》に海軍大臣への就任を打診すると、加藤は山本内閣が提案した海軍予算の実現を要望しました。ところが、清浦は山縣《やまがた》有朋《ありとも》と関係が深く、陸軍の肩《かた》を持つ立場だったので、加藤の要望には応じようとしません。結局、折り合いがつかなかったため、清浦は組閣を断念します。

ほかに妥当《だとう》な候補がおらず、元老らは考えあぐねた末、過去に対立関係にありながら、政界を半ば引退していた大隈重信《おおくましげのぶ》に首相就任を打診します。

大隈は幕末期の肥前《ひぜん》藩（現在の佐賀県）出身で、明治初期には財務を担当する大蔵卿などの要職を務めましたが、長州閥・薩摩《さつま》閥の有力者らと衝突して下野《げや》します。その後、東京専門学校（現在の早稲田《わせだ》大学）を設立して民間教育の普及をはかる一方、政治家としても活動しました。1898（明治31）年には、土佐《とさ》藩（現在の高知県）出身の板垣《いたがき》退助《たいすけ》とともに結成した「憲政党」が衆議院の最大勢力となり、初代首相の伊藤博文《いとうひろぶみ》の推挙によって大隈は首相に就任しました。大隈と板垣の名から一字ずつ取って「隈板《わいはん》内閣」とも呼ばれるこの内閣は日本史上初めての政党内閣でしたが、大隈・板垣それぞれの派閥の対立により4カ月で総辞職しました。

かねてより大隈は政友会《せいゆうかい》とは距離を置き、立憲同志会（43ページ参照）を率いる加藤《かとう》高明《たかあき》を積極的に支援しており、政友会を支持基盤とする山本内閣が国民の非難を浴びた直後だったことから、元老らは大隈に白羽の矢を立てたのです。大隈は豪放《ごうほう》かつ明朗な性格と教育者としての業績から国民の間で人気が高かったことも選んだ理由でした。打診された大隈はこのとき76歳ながらも、首相就任を引き受けます。

こうして1914（大正3）年4月16日に第二次大隈内閣が発足します。その閣僚は立憲同志会に属する議員を中心に、政友会以外の政党の議員で構成されました。立憲同志会からは総裁の加藤高明が外務大臣、若槻礼次郎《わかつきれいじろう》（35ページ参照）が大蔵大臣として入閣します。このとき、尾崎行雄《おざきゆきお》（31ページ参照）も司法大臣として入閣しています。尾崎は政友会を離れて「政友倶楽部《くらぶ》」を結成したのち、ほかの議員らが合流した「中正会《ちゅうせいかい》」という政党に属していました。なお、山本内閣が任命した官僚には政友会に属する者が多数いましたが、その大部分は第二次大隈内閣で解任されました。

国民の間では、山本の前の第三次桂《かつら》内閣以来、政府への反発が高まっていたものの、第二次大隈内閣は減税の実施を公約に掲《かか》げて国民の支持を集めます。しだいに政府批判は下火になり、政界は大正政変以前の安定をとりもどしました。

世界大戦が勃発

第二次大隈内閣の成立からおよそ3カ月が過ぎた1914（大正3）年6月28日、東欧のバルカン半島に位置する都市サラエボ（現在のボスニア・ヘルツェゴビナの首都）において、世界をゆるがす事件が発生します。現地を訪れていたオーストリア＝ハンガリー帝国（以降、オーストリアと表記）の皇太子夫妻が、急進的な民族主義者のセルビア人青年に銃《じゅう》で射殺されたのです。このサラエボ事件は当時の国際情勢を反映した事件であり、日本も間接的に関係していました。

19世紀を通じて、イギリスやフランスを含むヨーロッパの大国は、産業革命によって軍事力を拡大し、アジアやアフリカなどに植民地を広げていました。この動きを帝国主義といいます。なかでもロシアは、アジアとヨーロッパで勢力圏の拡大をはかり、東アジアでは日本と衝突して日露戦争（1904～1905年）が起こりました。

日露戦争で敗れたロシアは、東アジアよりも東欧のバルカン半島で勢力圏の拡大をはかる方針に切りかえ、同地のセルビア王国をはじめ、同じスラヴ民族の諸国との関係を強化します。ところが、バルカン半島ではゲルマン民族を中心とする国家であるオーストリアも勢力拡大をねらっており、それにドイツも同調し、ロシアと敵対することになりました。つまり、スラヴ人勢力とゲルマン人勢力の対立がサラエボ事件の根幹にあったのです。

同時期のドイツは、中東やアフリカで勢力の拡大をはかっており、イギリスやフランスと対立していました。かねてよりフランスとロシア、イギリスとフランスはそれぞれ同盟関係にあり、さらに1907（明治40）年に

◉西洋諸国の対立構図における日本

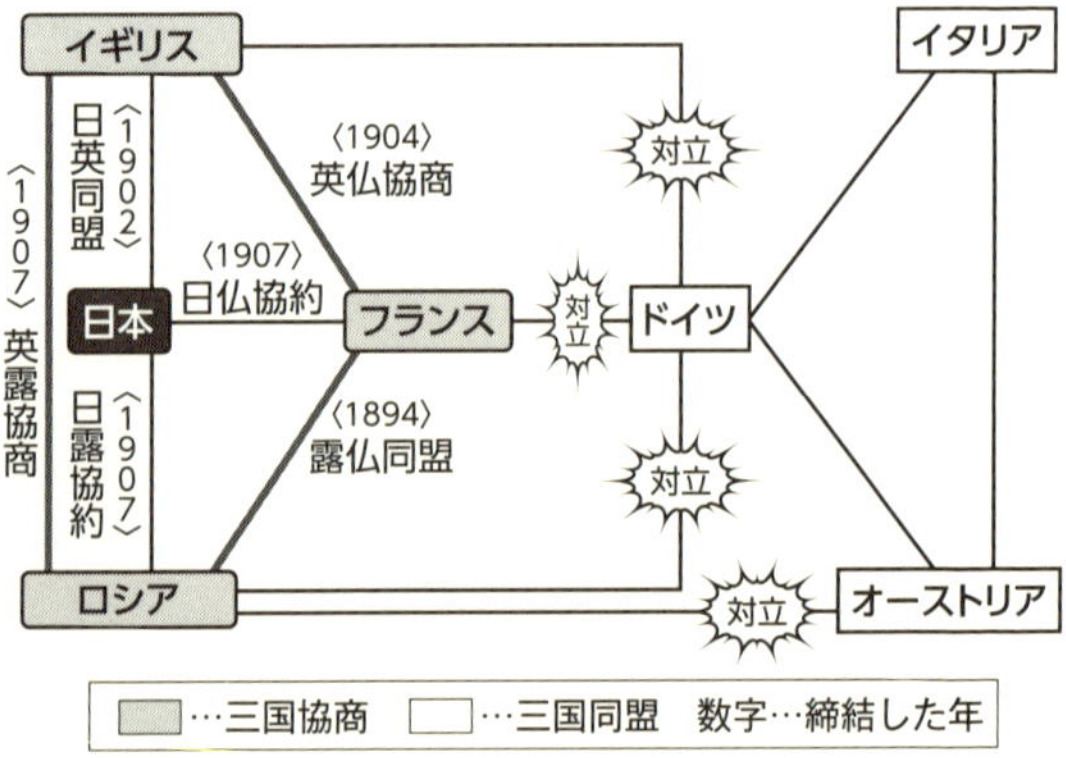

イギリスがロシアと同盟（英露協商）を結んだことで、イギリス・フランス・ロシアの3カ国が協調し、ドイツに対抗する三国協商と呼ばれる体制が成立します。

イギリスとドイツの対立に対し、日本はイギリス寄りの立場でした。それは日露戦争の前からロシアを共通の敵国と想定して、イギリスと同盟（第一次・第二次日英同盟）を結んでいたからです。1911（明治44）年に改定された同盟（第三次日英同盟）は、ロシアではなくドイツを敵国に想定した内容であるとともに、イギリスの意向によって、日本とアメリカの戦争にはこの同盟が適用されないことが定められました。

イギリスは現在のインドやミャンマーを植民地とし、中国王朝の清《しん》（1912年以降は中華民国）から、香港《ホンコン》や上海《シャンハイ》ほか長江流域の主要地域を租借《そしゃく》していました。一方、その北に位置する膠州湾《こうしゅうわん》の周辺はドイツの租借地（膠州湾租借地）でした。ほかにもドイツは、太平洋上のマリアナ諸島やマーシャル諸島なども植民地化しており、日本に比較的近い東アジアや太平洋でもイギリスとドイツによる勢力争いが起こる可能性があったのです。

このイギリスとドイツの対立を含めた諸外国の複雑な関係が、サラエボ事件という引き金が引かれたことで、大きな争いへと発展することになります。

1914（大正3）年7月28日にオーストリアはセルビアに宣戦布告し、セルビアを支援するロシアが参戦します。すると、オーストリアと同盟関係にあったドイツ、以前からロシアと敵対していたオスマン帝国などの国々も参戦しました。一方、ロシア側にはイギリスやフランスなどが参戦したことで、ヨーロッパを主な舞台とした大戦、すなわち「第一次世界大戦」が始まります。第一次世界大戦という呼称は、その後に起こった第二次世界大戦との対比からつけられたものであり、当時は「世界大戦」または「欧州大戦」と呼ばれていました。ドイツを中心とした陣営は同盟国（中央同盟）、イギリス・フランス・ロシアを中心とした陣営は協商国（連合国）と呼ばれます。

あまり歓迎されなかった参戦

イギリスがドイツに宣戦したのは、1914（大正3）年8月4日のことです。8月7日にはイギリス政府が日本政府に対し、中華民国の沿岸を航行する自国の商船をドイツ海軍から守るため、日本が参戦してドイツの艦艇《かんてい》を撃破するよう要請してきました。

要請を受けた首相の大隈重信はすぐさま元老らと協議します。外務大臣の加藤高明をはじめとする政府首脳は、ドイツが中華民国に有する利権を獲得することへの期待や、日清戦争と日露戦争で獲得して以来の中華民国における権益をこの機会にさらに強固なものにする機会ととらえたことから、参戦に積極的でした。元老のなかでも山縣有朋、大山巌《おおやまいわお》らは中華民国との関係悪化を考慮《こうりょ》して参戦に消極的でしたが、外交経験が豊富な井上馨《いのうえかおる》は、イギリス、フランス、ロシアと協調して「東洋に対する日本の利権を確立するチャンス」などと力説し、大隈もこれに同意して参戦の方針を固めます。

ところが、イギリス政府は日本への参戦の要請を一転して取り下げます。もともと日英同盟によれば、今回のケースで参戦する義務はなく、みずから参戦した日本の軍艦が太平洋地域で自由に航行すれば、太平洋地域にあるイギリス自治領（オーストラリアやニュージーランド）や、ハワイ諸島やフィリピンを勢力圏に置くアメリカの反発を招くおそれがあったからです。

しかし、要請の取り下げに対して加藤は、日本がドイツの膠州湾租借地を占領したのち中華民国に返還すること、日本が単独でも参戦する意志があることを伝えます。イギリスはこの回答を受け、中華民国の北部の都市である天津《てんしん》の周辺に駐屯《ちゅうとん》するイギリス軍の部隊と共同で出兵する形で日本の参戦を認めました。

明治時代から昭和前期まで、閣僚や軍の最高幹部が戦争の開戦や終戦、外交問題の重要事項などを話し合うときは、天皇が臨席する御前《ごぜん》会議が開かれることが通例でした。8月15日の御前会議で正式に参戦が決定すると、大隈内閣はドイツに対し、膠州湾租借地を明け渡し、同地に駐留する軍を退去させるよう要求します。返答の期限である8月23日までにドイツ側が応じなかったため、日本はドイツに宣戦布告しました。これ以降、内閣は政務と軍事行動を迅速《じんそく》に進めるため、元老に意見をうかがうことなく独自の判断で戦争を指導するようになったことで、元老の政治的な影響力は弱まっていきます。

中華民国政府はこの間、大戦における中立の立場を宣言するとともに、自国内で戦闘を行わないよう各国に求めますが、日本を含めた各国はこれを無視します。当時は中華民国が成立して間もなく、さらに袁世凱《えんせいがい》政権に対する抵抗運動（くわしくは本章で後述）が激化して政情が不安定なため、国際社会での発言力が極めて低かったからです。

9月2日、約2万9000人の日本陸軍が、ドイツの膠州湾租借地が位置する山東《さんとう》半島に上陸し、約2800人のイギリス軍部隊とともに侵攻を開始しました。同地におけるドイツ軍の拠点である青島要塞《チンタオようさい》の守備兵は約4900人であり、兵力においては圧倒的に日本側が優位でした。第一次世界大戦は、初めて航空機（飛行機と大型の飛行船）が本格的に使用された戦争でもあります。日本の陸軍と海軍もこの戦闘で初めて飛行機を投入し、敵艦への爆撃や敵機との空中戦を行っています。

日本軍とイギリス軍は青島要塞まで接近したうえで大攻勢をしかけると、11月7日にドイツ軍の守備兵は降伏します。これに先立ち、日本軍はドイツが保有していた青島から内陸の都市である済南《さいなん》を結ぶ山東鉄道（膠済《こうさい》鉄道）を占領し、支配下に置いています。

◉第一次世界大戦時の山東半島

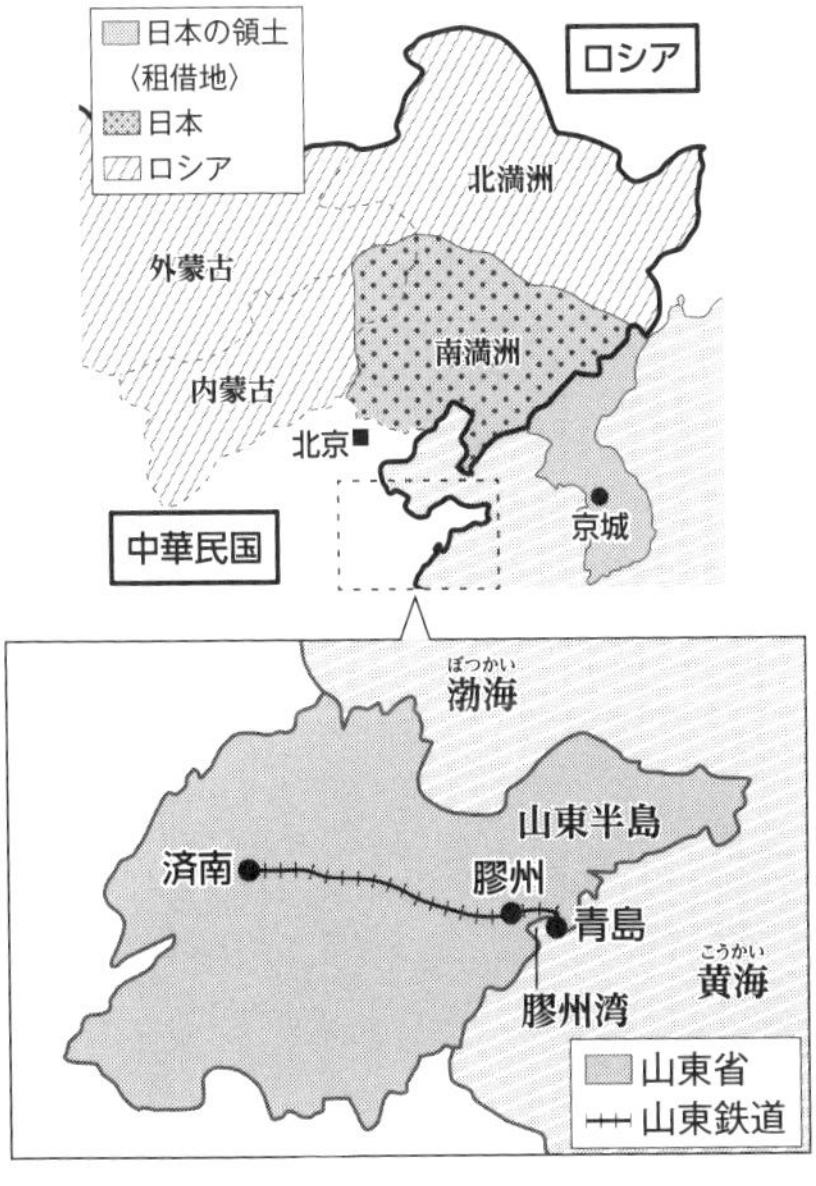

地中海まで遠征した日本海軍

　陸軍の戦闘は青島要塞の攻略のみでしたが、海軍は太平洋上で活動していたドイツ東洋艦隊を攻撃します。ドイツが自国の領土である太平洋の島々に配備していた兵力は少なく、日本軍は10月中にマリアナ諸島、マーシャル諸島、パラオ諸島などに部隊を上陸させて占領下に置きます。さらに12月には臨時南洋群島防備隊を駐留させました。ドイツ東洋艦隊の艦艇の大半は日本海軍のほかに、オーストラリア海軍の攻撃で大打撃を受け、残った一部の艦はドイツに逃げ帰りました。

　このように、日本が自国の近隣地域で関わった戦闘は小規模なものでした。しかし、主戦場となったヨーロッパでの戦闘は激化したうえに長期化します。一度に大量の兵士を殺傷できる機関銃などの兵器が大々的に使用され、戦車、爆撃機、毒ガス、潜水艦《せんすいかん》といった新兵器も投入されました。とくに、イギリス・フランス軍と、ドイツ・オーストリア軍が衝突したヨーロッパ西部戦線においては、両陣営あわせて1000万人以上ともいわれる大量の死傷者を出します。

甚大《じんだい》な被害を出していたイギリスは日本に対し、ヨーロッパ戦線への部隊の派遣を要請してきます。けれども、日本政府は部隊の派遣を断ります。アジアや太平洋から遠く離れた地域の戦闘に参加しても新たな領土の獲得にはつながらないという判断に加え、兵力が不十分として陸軍の上層部が反対したことが要因です。

それでも、同盟国であるイギリスの要請を完全に拒絶することはできず、1916（大正5）年に海軍が第一特務艦隊（8隻《せき》）を編成し、イギリスの勢力圏であるシンガポールからインド洋までの海域における港湾と船舶《せんぱく》の警備を引き受けます。

翌年には、旧ドイツ領の南洋諸島を日本が領

◉第一次世界大戦時の南太平洋

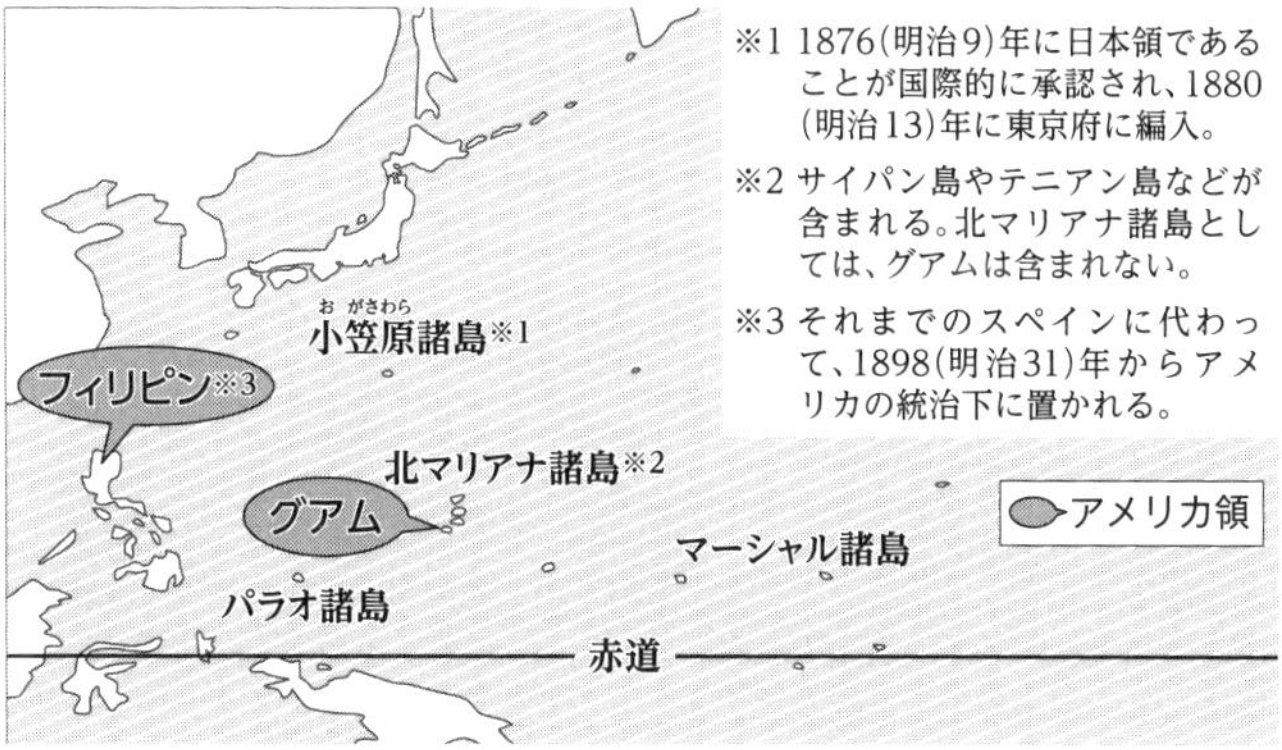

※1 1876(明治9)年に日本領であることが国際的に承認され、1880(明治13)年に東京府に編入。
※2 サイパン島やテニアン島などが含まれる。北マリアナ諸島としては、グアムは含まれない。
※3 それまでのスペインに代わって、1898(明治31)年からアメリカの統治下に置かれる。

有することを交換条件として、第二特務艦隊（4隻）を地中海に派遣しました。この艦隊は協商国（連合国）の輸送船の護衛にあたり、ドイツ軍の潜水艦と交戦します。ヨーロッパの戦域でも貢献《こうけん》したことは、大戦後の日本の国際的地位が高まる一因とされます。地中海に派遣された艦隊の戦没者71名をまつる慰霊碑《いれいひ》が、今も地中海のマルタ島にあるイギリス海軍基地に置かれています。

◉第一次世界大戦時のヨーロッパ

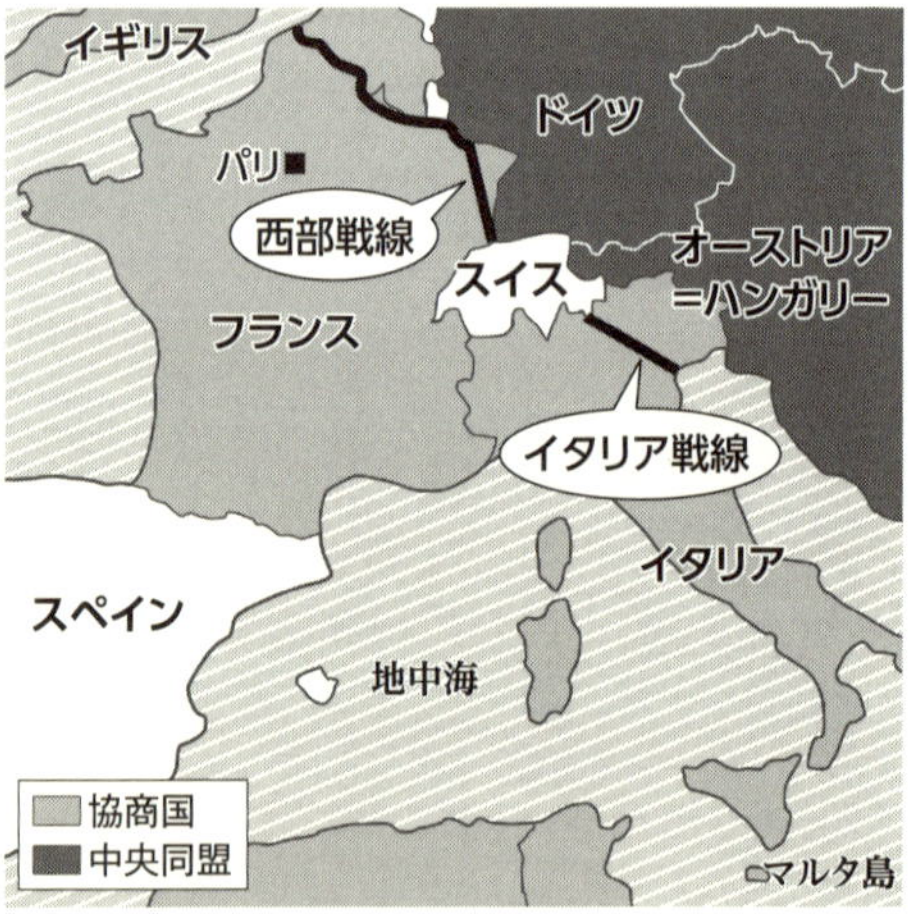

西洋諸国の隙をついて要求

日本政府が参戦した動機は、中華民国における日本の利権の拡大でした。そもそも、日本のみならず、イギリス、フランス、ロシアなどは、19世紀末から清の各地を租借地として勢力圏の拡大を競っていました。ところが大戦が長期化するにつれ、これらの国々は東アジアにおける日本の行動に口を挟《はさ》む余裕がなくなります。

日本軍が青島の戦闘で勝利すると、政府はこれを機に、中国大陸における日本の権益をさらに強固にし、中華民国の内政への影響力を強めようという方針がとられます。大隈内閣は1915（大正4）年1月、中華民国政府に対して21カ条からなる要求を突きつけました。いわゆる「二十一カ条の要求」です。

内容は、第1号から第5号までの5項目に分かれ、さらに各号に細かい条項があります。第1号（4条）はドイツが持っていた山東省の権益の継承、第2号（7条）は南満《みなみまん》洲《しゅう》および内蒙古《ないもうこ》の東部での日本の権益の拡大（租借年限の延長など）、第3号（2条）は中華民国の製鉄会社である漢冶萍公司《かんやひょうコンス》を日本との合弁企業とすること、第4号（1条）は日本以外の国に沿岸地域の譲渡を行わないこと、第5号（7条）は中華民国軍に日本の軍事顧問《こもん》を入れ、日本からの兵器購入、現地の日本人が利用する病院や学校の建設を認めることです。

日本政府が一連の要求を突きつけたのは、日清戦争以降に日本が獲得した権益が、中華民国のもとでも維持される確約が欲しかったからです。中国大陸での権益は日清戦争・日露戦争で日本兵が血を流して勝ち取ったものだと考えていた多くの日本人も、大隈内閣の方針を支持します。ただし、政友会の中心人物である原敬《はらたかし》をはじめとする一部の政治家や財界人は、二十一カ条の要求を突きつけたことを批判し、中華民国と協調することをうったえました。

じつは二十一カ条の要求のなかでも、とりわけ高圧的な内容の第5号について、日本政府は諸外国に知られないよう配慮《はいりょ》するよう中華民国政府に求めていました。しかし、中華民国政府は反発し、第5号を公表します。日本が大戦下で同盟国に無断で中華民国への介入を進めたことは抜けがけとみなされ、イギリスは日本政府を強く非難します。また20世紀に入って以来、

そのころ、世界では？

1915年、ガンディーがインドに帰国

英領インド出身のガンディーは、イギリスで法律を学び、英領の南アフリカで弁護士として活動したのち、1915年に帰国し、イギリスからの独立を唱える団体である国民会議派の指導者となります。

中国大陸で経済活動の拡大をはかっていたアメリカも日本を非難しました。すると、日本と同盟関係にあったイギリスは、日本とアメリカの関係悪化の影響が自国におよぶことを懸念《けねん》するようになります。

第1号と第2号の要求の受け入れが最優先だった大隈内閣は、イギリスとアメリカの非難を受けて第5号こそ撤回《てっかい》したものの、要求に応じなければ開戦すると、中華民国政府に通告します。中華民国に日本と単独で戦うだけの国力はなかったため、袁世凱政権は5月9日にやむなく要求を受け入れ、同月末には第1号と第2号の要求にのっとって、山東省に関する条約、南満洲および内蒙古に関する条約を締結しました。この条約締結を知った中華民国の民衆は、日本の高圧的な態度に強く反発し、日本製品の不買運動をはじめとした大規模な反日運動を展開します。

選挙戦で鉄道を利用

日本国内の政治に目を向けると、世界大戦の開戦以来、大隈内閣の国民からの支持は良好でした。大隈が国民に人気があったことに加え、青島での戦闘で勝利を収めたからです。さらには、戦場となっていたヨーロッパ諸国の輸出量が激減し、その穴を埋《う》める形で日本の輸出量が増加し、国内が好景気にわいていたことも理由の1つです。

大隈は元老らとの協調を重視するとともに開戦を理由に軍備の充実をうったえ、大正政変のきっかけになった陸軍の2個師団増設を実現しようとします。その予算について大蔵省と協議したうえで衆議院の審議にかけたものの、多数を占める政友会の反対によって否決されると、大隈は衆議院を解散します。1915（大正4）年3月に選挙が行われ、その結果、国民の支持を背景に、大隈内閣を支持する立憲同志会や中正会などの議員が381議席中209議席を獲得しました。

この選挙戦に際して、大隈みずから列車を利用して各地を訪れました。駅では大隈が

車両から身を乗り出して群衆に演説し、好評を博します。さらに、蓄音機（録音した音声を再生する機器）が普及しつつあったことから、大隈ら政治家の演説の音盤《おんばん》（レコード）の配布も行われました。政治家と大衆の距離感が縮まり、メディアが発達した大正時代らしさを表すエピソードといえるでしょう。

大隈を支持する勢力が衆議院で多数派となっただけでなく、貴族院も大隈に強く抵抗することはなく、6月には、ついに両院で2個師団増設の予算が可決されました。

ところが、それからほどなくして政治スキャンダルが発覚します。内務大臣で立憲同志会の有力者だった大浦兼武《おおうらかねたけ》（35ページ参照）が2個師団増設の予算を可決させるべく、先の衆議院総選挙で大規模な買収工作を行っていたのです。大隈内閣は政友会の批判にさらされ、スキャンダルの当事者である大浦は辞任します。大隈も責任をとろうと大正天皇に内閣の総辞職を申し出ますが、大正天皇と元老らは続投を言い渡します。ただし、内閣改造が行われ、大隈の片腕だった加藤が辞任し、外務大臣は一時的に大隈が兼任したのち、外交官だった石井《いしい》菊次郎《きくじろう》が就任するなど、閣僚の半数以上が入れ替わりました。

ひとまず内閣が安定をとりもどしたのち、11月に大正天皇即位の式典（即位の礼）が京都御所（現在の京都府京都市上京区《かみぎょう》）で開かれ、周辺には15万もの群衆が集まります。東京の宮城《きゅうじょう》（現在の皇居）でも式典が行われると、大戦の最中ながら、外国から多数の王族や政治家などの要人が来日しました。

反発する勢力に追い込まれ辞職

第二次大隈内閣の課題の1つは引き続き、中華民国との外交でした。二十一カ条の要求を機に、中華民国の民衆の間では、日本に対抗するため国民の一致団結を唱《とな》えるナショナリズムが高まっていました。愛国心の高まりは自身の権力を強化するチャンスだと考えた袁世凱は、1915（大正4）年12月に国号を中華帝国と改め、一方的に皇帝への即位を宣言します。ところが、各地では孫文《そんぶん》に同調する革命勢力が袁世凱に対する大規模な抵抗運動を起こします（第三革命）。

これに先立つ1913（大正2）年の第二革命の際、袁世凱政権による自国民への弾圧のあおりを受けて、南京《ナンキン》にいた日本人に被害が出ていた影響もあり、日本国民や政治家の多くが袁世凱のやり方に批判的でした。日本政府はイギリスやロシアとともに、袁世凱に皇帝への即位を延期すべきだと通告します。日本国内の一部の急進的な国家主義者や軍人は、政府に対して、通告にとどまらず武力を用いて袁世凱政権を打倒すべきとうったえます。1916(大正5)年1月には、大隈内閣の袁世凱への対応は弱腰《よわごし》だとして強硬《きょうこう》派の国家主義者が大隈を襲撃する事件も起こりますが、未遂に終わっています。

第三革命の勢いはその後も増し、抑え込めなくなった袁世凱は同年3月に帝政の取りやめを宣言しますが、その3カ月後に急死します。袁世凱の副官だった黎元洪《れいげんこう》が大総統の座を継ぎ、国務総理の段祺瑞《だんきずい》が行政府の実権を握ります。もっとも、各地には軍閥や革命勢力が入り乱れ、中華民国は内紛状態に陥《おちい》ります。

袁世凱が没した直後、大隈内閣はロシアと第四次日露協約を結びます。これは東アジアにおけるたがいの権益を認めるだけでなく、両国以外の国家が中華民国へ軍事介入した際は共同で対抗し、相互に軍事援助を行うことなどを取り決めた内容でした。こうして、日露協約は実質的に軍事同盟としての一面を持つことになります。

大隈の基本的な外交政策は、協商国であるイギリスやロシアと協調し、中華民国における日本の権益を確保しつつも、中華民国の内政には深く関与しないというものでした。

しかし、一部の急進的な国家主義者や政友会の議員らは、中華民国への積極的な介入や、アジアからの西洋諸国の排除を強く主張し、大隈内閣を非難します。さらに、先述の大浦兼武による選挙での買収工作を機に、貴族院と衆議院でも大隈に反発する勢力が増えます。しかも、元老のリーダー格である山縣有朋と大隈の関係も悪化していました。

その一方で大正天皇は、元老を介さずに政策を決定したり、自身と政務について直接話したりする大隈に好意的な印象を抱いていました。けれども、大隈は辞任を決意して大正天皇にその意向を伝えるとともに、前外務大臣の加藤高明を次の首相に推挙します。立憲同志会の中心人物の加藤を次の首相にすることで、政党内閣を定着させようと考えてのことでした。ところが、山縣が自身と同じ長州閥に属する陸軍大将の寺内正毅《てらうちまさたけ》を次の首相に推挙したことで、寺内の首相就任が決定します。なお、このときの首相選定の会議ののち、西園寺公望《さいおんじきんもち》が元老に加わりました。

通称はビリケン内閣

寺内内閣が成立したのは1916（大正5）年10月のことです。寺内は明治初期の日本の内戦である戊辰《ぼしん》戦争や西南戦争にも新政府軍として参加した歴戦の軍人で、フランス留学の経験もあります。桂太郎と西園寺公望が交互に首相を務めた時期には通算9年にわたって陸軍大臣を務め、初代の朝鮮総督《そうとく》（初期は陸軍大臣と兼任）も務めています。第三次桂内閣のあとには、山縣の推薦によって首相候補にもなっていました。

寺内内閣の主な閣僚は、内務大臣に貴族院議員の後藤新平《ごとうしんぺい》（35ページ参照）、司法大臣に元検事総長の松室致《まつむろいたす》、文部大臣に元官僚で京都帝国大学総長を務めた岡田良平《おかだりょうへい》など、元老と親しい立場の人物が大部分を占め、政党に属する者はいませんでした。第一次護憲運動によって、憲政擁護会とこれを支持する人々の間には、衆議院の第一党が内閣を担《にな》うことが正しい立憲政治（憲法にのっとった政治）、「憲政の常道」だという考えが浸透していました。そのため多くの人々は、政党出身者が不在の寺内内閣は立憲政治に反する超然《ちょうぜん》内閣とみなします。

また、寺内は頭の形がビリケン（アメリカの女性芸術家が制作した作品が起源とされる福の神。明治末期に日本に伝わった）に似ていたことから、「非立憲《ひりっけん》」と絡《から》めて国民の間では「ビリケン内閣」という呼び名が広がりました。

寺内内閣の最大の施策《しさく》は、袁世凱の亡きあとの中華民国において、国務総理として行政府の実権を握る段祺瑞に対する借款《しゃっかん》（政府間での金銭の貸し付け）です。これは外務省による正規の外交ルートを経ず、寺内が個人的に親しかった実業家の西原亀三《にしはらかめぞう》を通じて進められたため、西原借款と呼ばれます。1917（大正6）年1月から、総額1億4500万円（同年の日本の年間歳出の約20％）を数度に分けて貸し付けました。

西原借款の目的は段祺瑞を支援することで中国大陸における日本の権益を守りつつ、内紛状態にある中華民国を安定させることでした。実際に、段祺瑞は西原借款で得た資金を中華民国政府に従わない地方軍閥を制圧するための軍事費にあてています。ただ、それでも中華民国内の混乱は収まらず、十数年にわたって借款の返済が進まなかったことから、後年、寺内は非難を浴び、日本と中華民国の関係が険悪になる一因となります。

一方、首相就任を逃した加藤高明は寺内内閣との対決姿勢をとり、立憲同志会や中正会ほかの政党と連合して「憲政会」を新たに結成します。衆議院において政友会をしのぐ勢力となった憲政会は、立憲国民党とともに内閣不信任案を決議します。これを受けて寺内は衆議院を解散し、1917（大正6）年4月に衆議院総選挙が行われます。もっとも、結果は加藤の思惑《おもわく》に反し、政友会が１６５議席で最大勢力となり、憲政会が１２１議席、立憲国民党が35議席でした。

寺内は政党から閣僚を任命しませんでしたが、戦時下であることを考慮し、内閣と諸政党の協調による国論の統一をはかります。このことは、大戦に参戦している主要国において、あらゆる政党が結集した挙国一致内閣が成立していたことにならったものです。その一環として、１９１７（大正６）年６月には内閣とは別に、天皇直属の機関として外交問題に関する情報を統括《とうかつ》する臨時外交調査委員会を発足させると、主要政党の幹部を参加させて内閣と各党の協力関係を結ぼうとします。憲政会のトップである総裁の加藤は参加を断りますが、政友会は寺内と協調する姿勢を示し、元

そのころ、世界では？

1917年、イギリスによるバルフォア宣言

イギリスの政治家バルフォアは、世界大戦へのユダヤ人の協力を得るため、中東のパレスチナにユダヤ人国家を建設することを認める宣言を発表します。ただ、同地のアラブ人の同意は得ていませんでした。

内務省官僚で政友会に属する水野《みずの》錬太郎《れんたろう》が、後藤新平に代わり内務大臣としてのちに入閣しました。

参戦国の顔ぶれが変わる

臨時外交調査委員会の重要な議題となったのがロシア情勢への対応です。大戦が長引くうちロシア国内は食糧難に陥り、国民の間に不満が募《つの》っていました。1917（大正6）年3月（ロシア暦では2月）、首都ペトログラード（現在のサンクトペテルブルク）で民衆による大規模な反政府デモとストライキが発生し、軍の一部も参加します。この動きが全土に広がると、皇帝ニコライ2世は退位し、およそ200年続いた帝政は崩壊《ほうかい》しました。そして、新たに自由主義者の市民と穏健派の貴族を中心とした臨時政府が成立します（ロシア二月革命）。

臨時政府は大戦への参加を継続しますが、ロシア各地では社会主義思想の影響を強く受けた急進的な労働者、農民、兵士らが独自にソヴィエト（会議）を結成し、即時停戦を主張しました。しかし、ロシア政府の弾圧を逃《のが》れて国外にいた革命家のレーニンが4

月に帰国し、臨時政府に代わってソヴィエトが権力を奪取すべきと民衆にうったえます。11月（ロシア暦では10月）にレーニンの率いる一派（ボリシェヴィキ）はクーデターを起こして臨時政府から実権を奪い、ソヴィエト政権を樹立する（ロシア十月革命）と、共産主義にもとづいた新国家の建設を唱えます。共産主義とは、社会主義をさらに推し進め、企業家や貴族ら一部の支配階級による富の独占をなくし、民衆が農地や工場設備などの資産を共有する思想です。19世紀にドイツの経済学者カール・マルクスが唱えた理論がもとになっています。

ソヴィエト政権（ロシ

◉帝国から社会主義国へ

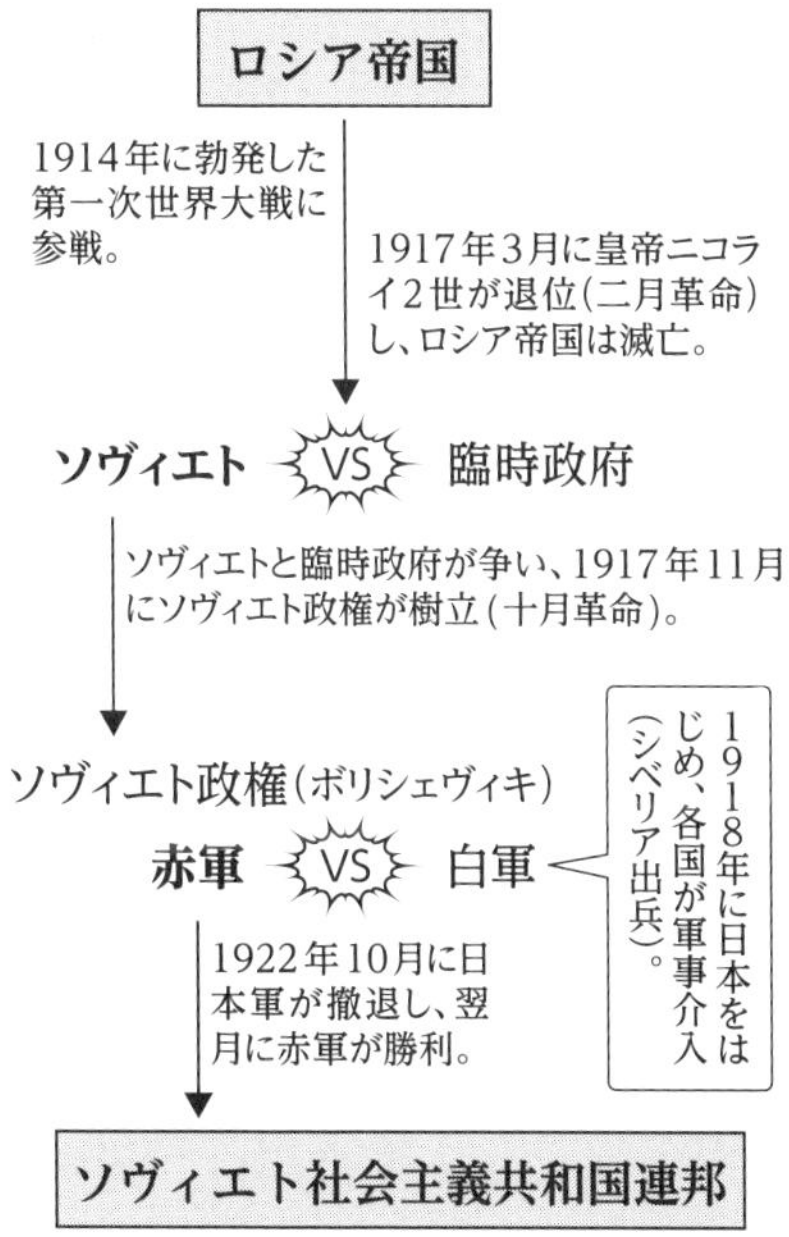

ロシア帝国
1914年に勃発した第一次世界大戦に参戦。
1917年3月に皇帝ニコライ2世が退位(二月革命)し、ロシア帝国は滅亡。
ソヴィエト
VS
臨時政府
ソヴィエトと臨時政府が争い、1917年11月にソヴィエト政権が樹立(十月革命)。
ソヴィエト政権(ボリシェヴィキ)
赤軍
VS
白軍
1918年に日本をはじめ、各国が軍事介入(シベリア出兵)。
1922年10月に日本軍が撤退し、翌月に赤軍が勝利。
ソヴィエト社会主義共和国連邦

ア共産党）は自分たちに敵対する勢力を徹底《てってい》的に弾圧して独裁体制を築くと、翌年3月にドイツなどと単独講和を結び、大戦から離脱しました。

日本にとってロシアの革命と、その後の新政権の動向は極めて大きな問題でした。大戦への影響だけでなく、協約を結んだ相手であるロシア帝国政府が存在しなくなり、満洲周辺における日本の権益が不明瞭《ふめいりょう》となったからです。

同時期、大きな情勢の変化がもう1つありました。アメリカの参戦です。アメリカは18世紀末以来、南北アメリカ大陸の外の問題には積極的に関わらないという孤立《こりつ》主義を外交政策の基本とし、大戦では中立の立場をとっていました。ところが、ドイツ海軍が協商国の近海を航行する民間船や中立国の船舶への攻撃（無制限潜水艦作戦）を行い、1915（大正4）年にイギリスの商船が撃沈され、乗っていた100人以上のアメリカ人が犠牲になります。アメリカ国民の間ではドイツを非難する世論が高まり、1917（大正6）年4月についに参戦に踏み切ったのです。

同じ協商国としてアメリカが参戦すると、日本はアメリカから二十一カ条の要求の内容に関する承諾を得て、関係を改善しようとします。同年11月には、第二次大隈内閣で外務大臣を務めた石井菊次郎と、アメリカの国務長官ランシングとの間で協定（石井・ランシング協定）が結ばれました。その内容は、ドイツが持っていた山東半島などの権益を日本が引き継ぐことをアメリカが認め、以前からアメリカが主張していた中国大陸での経済活動の自由（門戸開放・機会均等）を日本側が認めるというものでした。

アメリカに続き、1917（大正6）年8月には中華民国が協商国として参戦します。二十一カ条の要求をきっかけに中華民国と日本は険悪な関係になっていましたが、西原借款を機に政府間の関係改善は進んでおり、中華民国政府は日本を含めた協商国との関係を強化しようと参戦したのです。もっとも、中華民国にはヨーロッパに兵力を送り込むだけの余裕はなく、戦闘にはほとんど参加しませんでした。

戦時下での好景気

大戦は日本の産業にも大きな影響を与えます。ヨーロッパの主要国は軍需物資の生産に追われ、主に中華民国や東南アジア諸国を中心とした地域への輸出量が激減したのに代わって、日本からは同じ協商国への軍需物資やアジア各地への工業製品の輸出量が激増したのです。1914（大正3）年に5億9000万円だった日本の輸出額は、1918（大正7）年には19億6000万円まで伸び、輸入額を上回りました。国内総生産（GNP）の総額も、大戦前の約50億円から終戦直後には約154億円と3倍に増大します。大戦前、日本は諸外国から約11億円の対外債務《さいむ》を背負う立場でしたが、大戦中には日本のほうが中華民国などに巨額の融資を行う立場である債権国に転じ、終戦後の1920（大正9）年には、対外債権が27億円以上になりました。

1915（大正4）年から、ヨーロッパ諸国の産業が回復する1920（大正9）年まで日本は好景気が続き（大戦景気）、短期間で巨額の富を築く企業家が次々と現れます。これらの人々は、将棋《しょうぎ》で最も移動範囲の小さな「歩《ふ》」の駒《こま》が、勝負の流れによって有力な駒である「金」に変化することになぞらえて「成金《なりきん》」と呼ばれました。とくに、日本から諸外国への輸出の拡大に加えて、大戦に参戦している各国は民間の商船や客船を軍艦に改造したり軍需物資の輸送に投入したりしたことから、船舶と海上輸送の需要が急激に拡大し、造船業者と海運業者には成金が続出しました。歴史の教科書などでも見られるように、足元が暗いからと百円紙幣《しへい》（現在の貨幣価値で20～30万円）を燃やして灯《あか》りにしたり、百円紙幣で鼻をかんだりする成金の企業家が実際にいたといいます。

同時期、短期間で急成長した企業の代表例が鈴木《すずき》商店です。明治初期に実業家の鈴木岩治郎《いわじろう》によって創業され、明治後期には台湾から砂糖や防虫剤の材料となる樟脳《しょうのう》を輸入したほか、紡績や製鉄といったさまざまな業種に手を広げていました。大戦時には、番頭だった金子直吉《かねこなおきち》の手腕によって海運と造船で利益を拡大させ、1917（大正6）年には年商が15億4000万円に達し、三井物産を追い抜きます。鈴木商店の名は現在ではほとんど知られていませんが、大正期から昭和初期にかけて、一時的に売上額で三井財閥・三菱《みつびし》財閥・住友《すみとも》財閥を超え、一大企業グループを形成しました。

造船や海運、輸出入を手がける商社のほか、明治中期からは日本の代表的な輸出品だった繊維製品が東南アジア市場に販路を広げました。さらに、大戦を機に日本国内の製薬業と化学工業が急成長します。それまで医薬品や化学製品の主な輸入元だったドイツが敵国となり、日本との貿易が途絶えたことが原因です。実業家の星一《ほしはじめ》（第二次世界大戦後に活躍した小説家である星新一《しんいち》の父）が創業した星製薬は、モルヒネや伝染病のワクチン、化粧品などを国産化して大きな利益をあげました。

新中間層が拡大

　大戦による好景気を機に、都市部では工場労働者のほか、電気、鉄道、港湾をはじめとするさまざまな施設の作業員や、事務や会計などのデスクワークに従事する会社員が増えます。大戦終結から2年後の1920（大正9）年に行われた第1回国勢調査によると、農業などの第一次産業の従事者は54・9％、鉱工業などの第二次産業の従事者は20・9％、商店員や事務員などの第三次産業の従事者は24・2％でした。また、会社から支給される給与で生活する人を「サラリーマン」と呼ぶ和製英語が人々の間で定着します。従来の中小規模の商店経営者や地主といった中間層に対し、会社員のように近代的な産業の発展によって生まれた新しい階層は「新中間層」と呼ばれます。新中間層が当時の労働人口全体に占める割合は4～5％でしたが、急速に拡大していきます。

　当時の大多数の農家や個人経営の商家では、女性は結婚後も夫と農作業や店の仕事に従事するのが一般的で、家事に専念する女性は、夫が企業の経営者や高級官僚のような極めて少数の富裕層に限られていました。都市部では新中間層の会社員と家事に専念する女性の世帯が増えたことで、1917（大正6）年3月には女性雑誌『主婦之友《しゅふのとも》』が創刊され、同誌の付録を通じて家計簿をつける習慣が社会的に普及しました。ただし、会社員の夫と家事に専念する妻（専業主婦）からなる世帯が多数派となるのはまだ先、第二次世界大戦後の1950年代後半以降のことです。

農家や商家以外でも、紡績工場や製糸工場では大量の女子工員が働いていました。このほか大正時代には、事務員、バスの運賃の管理や運転士の補助的な業務を行うバスガール（女性車掌《しゃしょう》）、看護師、学校教師、電話交換手（電話をかけた人から相手の電話機に手動で回線をつないで仲介する職業。のちに仲介の作業は機械化される）など、新中間層に属する女性の就労者も増加し、彼女らは「職業婦人」と呼ばれました。もっとも、企業が積極的に女性を雇用《こよう》した背景には、「女性は一家を養っているわけではないから低い賃金で構わない」という考

え方があり、女性の人件費が男性よりも低くおさえられるという事情があります。実際、女子工員の日当は、男性の労働者の半額程度でした。

また好景気によって、多くの職種で賃金が一時的に上昇し、毎月の給与と別に、夏と冬にボーナス（賞与）を支給する企業が増えます。明治初期に郵便汽船三菱会社（現在の日本郵船）が日本で最初にボーナスの支給を導入しましたが、大正時代まではごく少数の企業が実施するにとどまっていたのです。収入が上がると人々の消費行動は活発化し、比較的に低賃金の女子工員がきらびやかな指輪を買ったり、若い男女の間では鼻を高くする美容整形が流行したりしました。農村部では絹《きぬ》の材料となるカイコの繭《まゆ》の売上が増大したことから、一時的な高収入により高級な服で着飾る人々が続出しました。

レジャーを楽しむ大衆

大戦下の好景気のもとで、庶民の消費行動は拡大します。とりわけ、買い物を楽しむ空間として人気を集めたのが、衣類、宝飾品、食品、家具ほか、多様な商品をとりそろえたデパート（デパートメントストア）です。明治末期に呉服《ごふく》店から転じた三越《みつこし》百貨店

（現在の東京都中央区）を皮切りに、明治末期から大正時代には東京市、大阪市、名古屋市などで次々とデパートが開店します。それらは、当時はまだめずらしかったコンクリート製の高層建築で、内装も西洋の城のような高級感を漂わせ、最新の機器であるエレベーターやエスカレーターを導入していました。松屋（現在の東京都千代田区）による『今様』をはじめ、さまざまな百貨店が最新の商品とファッションを紹介する情報誌を刊行し、流行の発信源になりました。

都市部ではおしゃれな洋風の飲食店も増え、単に食事をする場という以外に、会社員、官庁の職員、文化人、学生などの社交場となりました。銀座（現在の東京都中央区）の果物店である千疋屋《せんびきや》は、1913（大正2）年に果物を使った菓子を主なメニューとする果物食堂フルーツパーラーという喫茶店《きつさてん》を開業しました。いわば現代のスイーツショップの元祖といえるでしょう。ほどなく類似の店舗《てんぽ》が各地にできます。

同時期には喫茶店と大人向けのバーを兼ねたような店舗のカフェが現れました。主なメニューは、コーヒーや紅茶、ワインやビールなどの洋酒、サンドイッチやオムレツといった軽めの洋食です。多くのカフェでは、和服の上に洋風のエプロンを着用した女性が給仕として働き、彼女らを女給《じょきゅう》と呼ぶことが定着します。好みの女給を目当てに店へ通う男性客もおり、新聞で女給の人気投票が実施されるほどでした。

電車や乗合《のりあい》自動車（バス）といった交通網が発達したことで、都市部から離れて、観光旅行や登山、海水浴などのレジャーを楽しむ人々も増えました。東京市・横浜市の周辺であれば神奈川県の藤沢や鎌倉の海水浴場、静岡県の熱海の温泉保養地や富士山、長野県の避暑地である軽井沢、大阪市の周辺であれば奈良県や京都府の神社仏閣、神戸市郊外の海水浴場や六甲山などは行楽客でにぎわいました。観光地で風景などの記念撮影をすることが一般的になったのは、大正中期からです。

投機で米が値上がり

大戦により日本は好景気を謳歌《おうか》しましたが、大量の生産品が輸出に回ったことで国内は物不足に陥り、物価が急上昇するインフレ（インフレーション）が起こります。とくに主食となる穀物の値上がりは深刻で、１９１４（大正３）年７月から１９１８（大正７）年２月までの間に国産の米は66％、台湾や朝鮮で生産された米は74％、大麦は２４

5％も値上がりしました。農地を持たない貧しい小作農や、低賃金の労働者は食糧を確保するのもひと苦労でした。

この事態をさらに悪化させたのが、日本を含めたイギリス、フランス、アメリカほか各国によるロシアへの軍事干渉でした。前年に成立したソヴィエト政権が、富裕な商工業者（ブルジョワジー）や王侯貴族を打倒して共産主義国家を建設すべきと世界に向けて主張すると、各国の指導者は、旧ロシア帝国軍の残党や地方の分離・独立派などの白《はく》軍《ぐん》（ソヴィエト政権に抵抗する武装勢力）を支援しつつ、ソヴィエト政権の勢力拡大を抑え込もうと共同で出兵したのです。これを「シベリア出兵」といいます。

出兵の一番の目的は、ソヴィエト政権と戦うチェコとスロバキアの4万におよぶ兵士の救出にありました。当時、チェコとスロバキアの両国は中央同盟に属するオーストリアの支配下にありましたが、協商国はチェコとスロバキアの独立勢力と手を組み、両国の兵を救出して移送し、中央同盟であるドイツとの戦闘に投入しようと計画を立てたのです。日本を含む協商国軍は、この救出作戦をきっかけにロシアへの軍事介入をはかり、シベリアで赤軍《せきぐん》（ソヴィエト政権を支持する武装勢力）と戦闘をくり広げます。

寺内内閣がシベリアへの出兵を発表すると、一部の地主や商人は、兵士の食糧として大量の米が必要となり、米の価格が値上がりすることを見越して転売目的で米を買い占めました。こうして米の価格がますます上昇するなか、1918（大正7）年7月23日に、富山県内の漁村の女性たちが集団で米屋や地域の有力者のもとに押しかけ、米の値上げと転売に強く抗議します。この抗議運動は全国へと広がり、漁民の妻たちが口火を切ったことから「女房《にょうぼう》一揆」と呼ばれます。

米の買い占めを行っていると新聞に報じられた鈴木商店は、兵庫県神戸市の本店が焼き打ちにあいます。全国各地で暴動に直接参加した人の数は約70万人にもおよびました。寺内内閣は戒厳令《かいげんれい》（戦時下など非常事態において通常時の法律を停止して発する法的措置）を敷《し》きつつ、軍隊を動員して暴動を鎮圧《ちんあつ》します。暴動に参加した人々は次々に検挙されたうえ、8000人近くが起訴され、2名が死刑となりました。50日余り続いた一連の暴動は「米騒動」といいます。

米騒動の大きな特徴は米の価格上昇が不作によるものではなく、投機（将来的な値上がりを見越した売買）が原因だった点です。これは近代特有の現象といえます。そもそも明治時代以前の農民は、みずから生産した米の一部を税として納めていました（現物納）。ところが、明治初期に実施された地租改正により現金での納税（貨幣納）が義務づけられて以降、農民は生産した米を売って現金を手にするようになります。そのため、米を生産していながら入手しづらい農民が増えていたのです。そこにシベリア出兵が追い討ちをかけたわけです。

政府は事態を鎮静化するため、国費を投入して米の安売りを行うと発表しますが、米価の極端な下落をおそれて徹底せず、同年末には再び米価が上昇します。それでも、大戦下の好景気によって国民の実質収入が上昇したことで米騒動の再発は避けられました。

「民主主義」ではなく「民本主義」

米騒動は自然発生的な民衆の暴動ですが、同時期には組織的な労働運動や、貧民の救済、政治改革などを唱える運動も活発化します。たとえば、元新聞記者の鈴木文治《すずきぶんじ》らが1912（大正元）年8月に結成した友愛会は、労働者の相互扶助《ふじょ》を目的とし、商工業の発展にあわせて組織が拡大していきます。

それでは、当時の労働者の待遇《たいぐう》はどのようなものだったのでしょうか。1911（明治44）年には、過酷《かこく》な労働環境を規制する工場法が制定され、1916（大正5）年にようやく施行《しこう》されました。その内容は、現代と同じように「連続6時間以上で30分、10時間以上の場合は60分の休憩《きゅうけい》」という条件もあれば、「1日の労働時間の上限は12時間」「最低でも月2回の休日の設置」など、過酷な条件も存在しました。そのため、労働組合が企業家に待遇改善や賃金上昇をうったえる争議が多発します。

1917（大正6）年3月には、京都帝国大学教授で経済学者の河上肇《かわかみはじめ》が著した『貧乏物語』が発刊されます。一部の企業家による富の独占と貧富の差の拡大を分析して批判した内容は、社会主義の支持者や労働運動の関係者の話題を呼び、ベストセラーになります。ほどなくロシア革命が起こり、共産主義を唱えるソヴィエト政権が成立すると、その影響を受けて共産主義思想が世界的に広がり、労働運動や地主の下で働く貧しい小作人の待遇改善を求める農民運動など、各種の社会運動が活発化します。

もう1人、この時期の社会運動に大きな影響を与えたのが東京帝国大学教授で政治学者の吉野《よしの》作造《さくぞう》です。吉野は論文の『憲政の本義を説いて其《その》有終の美を済《な》すの途《みち》を論ず』で、超然内閣は立憲政治の精神に反し、国民が参加する議会政治が定着することは歴史の必然であると主張します。英語の「デモクラシー」(democracy)の訳語として「民《みん》本《ぽん》主義」という言葉を用い、この語句は政界で広く使われるようになります。デモクラシーは現代では「民主主義」と訳されることが一般的ですが、民主主義という語句が、君主(天皇)が主権を持つ政治体制(君主主義)を否定しているとみなされることを避けるため、吉野は民本主義という表現を使ったのです。

吉野は天皇を中心とする政治体制を維持したうえでの、政党内閣の定着や選挙権の制限をなくした普通選挙の実施を唱え、社会主義や共産主義よりも穏健な思想として民衆や文化人の幅広い支持を集め、大正デモクラシーを象徴する論客となります。

平民出身の首相が誕生

寺内正毅は政府の内外で米騒動の責任を追及され、心労がたたってか健康状態が急激に悪化し、1918（大正7）年9月21日に首相を辞任しました。

元老らの協議によって西園寺公望が次の首相候補となりますが、西園寺は健康不安を理由に断り、代わって自身の後継者で政友会の総裁だった原敬を強く推挙します。元老らはこの提案を受け入れ、9月29日に原敬内閣が発足しました。原は盛岡藩（現在の岩手県中部の一帯）の家老だった一族の出身です。しかし、10代前半だったころに起こった戊辰戦争において盛岡藩が新政府軍に敗れたことで一家は没落し、原は士族ではなく平民になりました。

原は成人すると、『郵便報知新聞』（現在の読売

新聞の前身の1つ）の記者を務めたのち、フランス語の能力を買われて外務省に入り、外交官として政界や官界に幅広い人脈を築くとともに、フランスや清に赴任《ふにん》して海外の動向についての知見を深めました。外務省を辞めたあとは『大阪毎日新聞』（現在の毎日新聞の前身）の社長となりますが、1900（明治33）年に政友会が結成されると、入党して政治家に転じ、西園寺内閣では内務大臣を務めました。

政界では元老らと協調しつつも政党内閣の定着を強く望み、大臣を歴任した功績によって政府から華族になるよう（爵位の授与）打診されても固辞し続け、華族のなかから選ばれる貴族院議員ではなく、国民に選挙で選ばれる衆議院議員であり続けました。

平民という身分で首相になったのも、衆議院議員が首相になったのも、長州藩・薩摩藩を中心とする政府とかつて敵対した東北の出身者が首相になったのも、原が初めてです。こうした経歴から原は「平民宰相《さいしょう》」と呼ばれ、国民の人気を博します。

原内閣の顔ぶれは、内務大臣が元秋田県知事・元徳島県知事の床次竹二郎《とこなみたけじろう》、大蔵大臣が高橋是清《たかはしこれきよ》（大正後期に首相就任）、文部大臣が実業家の中橋徳五郎《なかはしとくごろう》など、陸軍大臣と海軍大臣以外の大半が、政友会と、かつて立憲同志会と協調していた公友《こうゆう》倶楽部という政党に属していました。山縣有朋をはじめとする元老らは、原が議会の多数を占める政友会の総裁だったからではなく、ほかに適任の人物がいなかったことから原の首相就任を認めます。それでも、大正政変で桂太郎が下野して以来、多くの国民が望んでいた本格的な政党内閣がこうして誕生したのです。

世界大戦の終わり

原内閣の成立と同時期、海外情勢が急変します。アメリカの参戦から1年以上が過ぎ、協商国が優勢にあったなかの1918（大正7）年の中ごろ以降、ヨーロッパの戦場でインフルエンザが大流行します。交戦中の各国が戦況への影響を考慮して報道を控《ひか》えるなか、中立国だったスペイン王国が最初に大々的に報じたことから、インフルエンザは「スペイン風邪《かぜ》」と呼ばれることになりました。

スペイン風邪は1921（大正10）年までの3年の間に、三度にわたって世界中で大流行し（パンデミック）、全人口の約4分の1にあたる5億人が感染したとされます。一説に、全世界での死者は約5000万人を数え、日本でも人口の半数近くが感染したといいます。なお、発生源や感染が拡大したルートについては諸説あります。

かねてより劣勢《れっせい》にあった中央同盟諸国はスペイン風邪で追い打ちを受け、まず、同年10月オスマン帝国が協商国に降伏しました。ほどなく、ドイツとオーストリアでは戦争で疲弊《ひへい》した兵士や社会主義者を中心とする革命が起こり、帝政は崩壊に向かいます。両国政府は協商国との講和に応じ、同年11月11日、4年3カ月続いた大戦は終結しました。

日本は主な戦場であるヨーロッパから遠く離れ、大きな被害を受けることがなかったため、国民の大多数は終戦を祝うこともありませんでした。ただ、憲政会の総裁だった加藤高明は大戦の結末について、軍国主義・武力万能主義に対する「民本的政治の勝利、野蛮《やばん》に対する文明の勝利」と述べたといいます。実際、大戦をきっかけにロシア、ドイツ、オーストリア、オスマン帝国は崩壊し、日本を含めた各国では、政界の世代交代、大幅な軍縮、国民の政治参加の拡大といった変革が進むことになります。

原はすぐれた国際感覚の持ち主でした。協商国の勝利に大きく貢献したアメリカの発言力が高まることを予期し、新たな国際秩序や大戦を機に起こった社会のさまざまな変化に対応した国内・国外政策を進めていくのです。

ちょっとひと息

現代でもおなじみの食文化

大正時代の庶民の食事は、地域によって大きな差がありました。主食は白米のご飯とは限らず、当時はまだ米の生産量が低かった東北地方や四国地方では、麦や粟《あわ》、稗《ひえ》ほかの雑穀《ざっこく》を混ぜたご飯や、芋《いも》を主食にする場合もありました。

1918（大正7）年に米騒動が起こると、米が豊富にとれる地域でも、うどんやパンなどが食されるようになり、小麦粉の消費量が増加します。駄菓子屋《だがしや》などを通じて流行した一銭洋食《いっせんようしょく》も、小麦粉が原材料です。水で溶《と》いた小麦粉を平らにのばし、その上にねぎをのせて焼き、仕上げにソースを塗《ぬ》ったもので、お好み焼きの原型といわれます。

都市部では西洋料理が普及します。コロッケ、トンカツ、カレーライスは「三大洋食」と呼ばれました。とくにコロッケは、比較的安価だったことから庶民に親しまれ、「今日もコロッケ、明日もコロッケ」とい

米価の変動（1911～1922年）

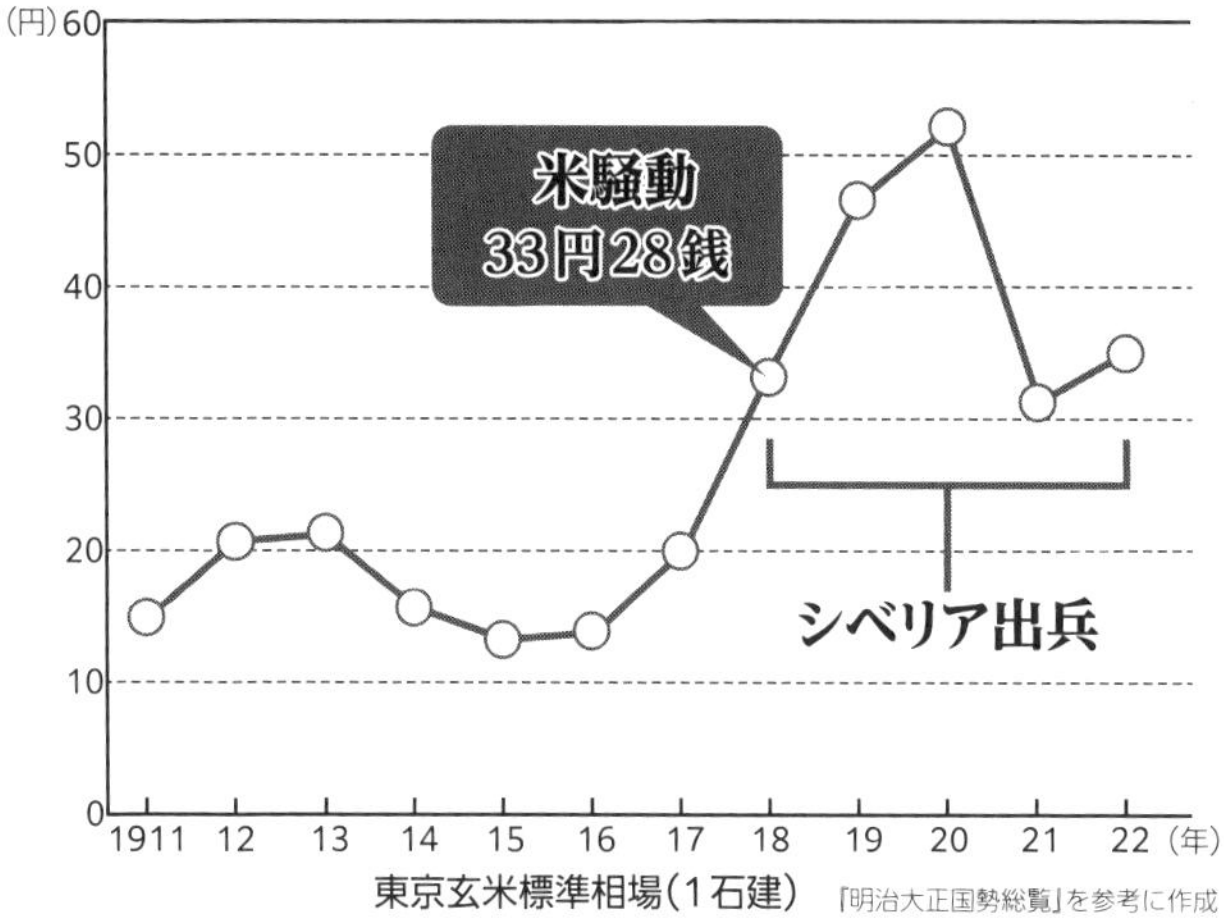

『明治大正国勢総覧』を参考に作成

う歌詞のある『コロッケの唄《うた》』がヒットしました。

東京市や横浜市では、中華民国からやってきた人々によって中華料理店が広がり、支那《しな》そば（中華風の麺《めん》）が人気を集め、第二次世界大戦後はラーメンと呼ばれるようになります。

1923（大正12）年に関東大震災が起こると、東京近郊に住んでいた支那そば店の経営者が日本各地に移り、これを機に昭和期にはラーメン店が全国に拡大しました。

大正時代の偉人❷

日本に童謡を広めた作曲家

山田耕筰

Yamada Kosaku

1886(明治19)～
1965(昭和40)年

各地の校歌や市町村の歌も手がける

童謡を数多く作曲したことで知られる山田耕筰《やまだこうさく》は、医師の子として東京府に生まれました。少年期にキリスト教の宣教師から西洋音楽を学び、東京音楽学校（現在の東京藝術《げいじゅつ》大学音楽学部）に進学したのち、三菱財閥の総帥《そうすい》だった岩崎小弥太《こやた》の支援を受け、ドイツのベルリン高等音楽学校に留学しました。

帰国後、日本で最初の交響楽団である東京フィルハーモニー会管弦楽部を組織したほか、日本楽劇《がくげき》協会を創設してオペラを広めます。また、詩人の北原白秋《きたはらはくしゅう》とともに雑誌『詩と音楽』を創刊しました。山田の代表作である『赤とんぼ』『待ちぼうけ』『ペチカ』『あわて床屋』などは、北原が作詞したものです。

生涯《しょうがい》に声楽曲を約700曲、校歌や社歌、地方公共団体の歌を約500曲も作曲し、その活動範囲は日本国内だけにとどまらず、海外でも盛んに演奏を行いました。

第三章

政党内閣への期待

大戦が終わってから軍備拡張

首相に就任した原敬《はらたかし》は、以前から政友会《せいゆうかい》の内部で検討されていたさまざまな政策の案を整理して「四大政綱《せいこう》」と名づけ、世界大戦が終結した直後の1918（大正7）年12月から、本格的に実行に移していきます。その内容は、①教育の振興②産業の奨励《しょうれい》③交通・通信網の整備④国防の充実の4点です。

教育の振興は、大戦中にデスクワークの会社員の数が増加し、高等教育を受けた人々の受け皿となる就職先が広がったことと、好景気により富裕層の子どもの進学率が上昇していたことに対応した方針です。

この方針に関連して、同年12月6日には大学令が公布され、新たに公立・私立の総合大学、単科大学（特定分野の学部だけの大学）の設置が認められます。それまで国に正式に認可された大学は、国立の総合大学である帝国大学（現在の東京大学や京都大学など）だけでした。大学令の公布されて以後は、大隈重信《おおくましげのぶ》が創設した東京専門学校を前身とする早稲田《わせだ》大学、福沢諭吉《ふくざわゆきち》が創設した慶應義塾《けいおうぎじゅく》を前身とする慶應義塾大学のほか、明治大学、法政大学、日本大学など、専門学校・私塾から発展した私立大学が正式に大学として認められます。また、東京商科大学（現在の一橋《ひとつばし》大学）、新潟医科大学、長崎医科大学、金沢医科大学などの単科大学が新たに設置されます。

産業の奨励と交通・通信網の整備は、都市部と地方を結ぶ鉄道・道路の敷設《ふせつ》を進めることにより、国民生活の利便性を高めることを目的としていました。この方針は企業家やその出資者となる地方の富裕層の要望に応えたものであり、敷設に関わる事業は彼らに利益をもたらし、さらなる産業の発展をうながすことになります。これらは、終戦後のヨーロッパ諸国が復興することによって、日本の輸出が落ち込むことを予期し、国内産業を振興することで景気の維持をはかる意図もありました。

国防の充実は、陸軍と海軍の協議によって定められた「帝国国防方針」にもとづいたものです。陸軍は平時の編成を25個師団とすること、海軍は大型の戦艦8隻《せき》と速力の高い巡洋戦艦8隻からなる「八八艦隊」を編成することです。

いずれの方針も大正初期には財政難から中断されていましたが、以下のように、日本を取り巻く情勢が大きく変化したことから見直されたのです。ロシアで成立したソヴィエト政権が第四次日露協約（81ページ参照）を破棄し、満洲《まんしゅう》における日本の権益がおびやかされたことに加え、旧ドイツ領の南洋諸島を占領して以降、太平洋上でアメリカとの軍事衝突が起こる可能性が高まったためです。さらに、西洋諸国が戦車、戦闘機、潜《せん》水艦《すいかん》、新造の大型艦などを導入したので、日本も装備を一新する必要がありました。もっとも、国家予算の約半分を軍事費が占め、財政を大きく圧迫することになります。

各国の思惑がうごめく講和会議

大戦の戦後処理を話し合うため、フランスの首都パリに戦勝国の代表らが一堂に介し、1919（大正8）年1月18日から会議が開かれます。これをパリ講和会議といいます。

協商国のなかでも、イギリス、フランス、アメリカ、イタリア（開戦時はドイツと同盟関係。その後はイギリスなどと密約を結んで協商国に転じた）、そして日本の5カ国が会議を主導します。敗戦国となったドイツほかの中央同盟諸国は招かれず、会議の終了後、事後的に承認を求められます。また、ドイツと単独講和を結んで大戦から離脱したロシアのソヴィエト政権も招かれませんでした。

会議の主な参加者として、イギリス首相のロイド・ジョージ、フランス首相のクレマンソー、アメリカ大統領のウィルソン、イタリア首相のオルランドらがいました。日本は大戦に大きく関与しておらず、首相就任から間もない原敬が日本を離れるのは望ましくなかったため、元首相で政友会の前総裁の西園寺公望《さいおんじきんもち》が全権大使として派遣されます。西園寺は青年期にフランスへ留学した経験があり、外交経験が豊富で、クレマンソーと旧知の間柄《あいだがら》だったこともあり、適任といえました。

西園寺の次席として実務を担《にな》ったのは、元外務大臣の牧野伸顕《まきののぶあき》（41ページ参照）です。その娘婿《むすめむこ》で外交官の吉田茂《よしだしげる》（第二次世界大戦後に首相就任）、貴族院議員の近衛文麿《このえふみまろ》（昭和前期に首相就任）、松岡洋右《まつおかようすけ》（の

そのころ、世界では？

1919年、アメリカで禁酒法が成立

アメリカでは道徳的な生活を説く教会を中心に禁酒運動が広がり、1919年に禁酒法が制定されました。ところが、酒の密造と密売が多発し、犯罪組織の資金源になったため、1933年に禁酒法は廃止されます。

ちの南満洲鉄道の総裁。近衛文麿内閣で外務大臣に就任）など、後年に日本の政界で有力者となる面々も随行していました。

終戦に先立ち、ウィルソンは「14カ条の平和原則」という提言を発表していました。主な内容は、国家間での秘密外交の禁止、大戦後の軍縮、大国の支配下にある少数民族の政治的な独立（民族自決）、国家間の争いを話し合って解決する機関である「国際連盟」の設立などです。国際協調と平和主義に根ざした一連の方針は、パリ講和会議を通じて世界の国々に受け入れられていきます。

ただ、各国が受け入れた国際協調の方針とは裏腹に、パリ講和会議は戦勝国がそれぞれの言い分を声高に唱《とな》える場にもなります。ウィルソンは敗戦国に対して過度な賠償《ばいしょう》を望みませんでしたが、ロイド・ジョージとクレマンソーはドイツに巨額の賠償金を請求します。最大の激戦地だった西部戦線だけで、イギリスの戦死者は約91万人、フランスは約136万人におよび、経済損失だけでなく強い報復感情もあったからです。ドイツに科された賠償金は完済に数十年もかかるほど巨額であり、ドイツ国民の生活を圧迫し、その不満からイギリスとフランスを敵視するナチ党（ナチス）が、1930年代に台頭することになります。

西園寺らはヨーロッパ諸国間の問題にほとんど口を挟《はさ》みませんでした。その代わり、二十一カ条の要求によって中華民国から獲得した山東《さんとう》半島の旧ドイツ租借地《そしゃくち》の権益と、旧ドイツ領の南洋諸島の領有を国際的に承認するよう要求します。すると、パリ講和会議に参加していた中華民国の代表は、二十一カ条の要求は脅迫《きょうはく》だと不服を申し出て、アメリカもこれを支持しました。対して日本は、要求が受け入れられなければ講和条約に調印しないと応じます。アメリカは結局、日本による山東半島の権益の保持を認めます。国際連盟の設立を円滑《えんかつ》に進めたいという目的があったからです。

1920（大正9）年1月に国際連盟が発足すると、旧ドイツ領の南洋諸島のうち、赤道以北の島々は日本が、赤道以南の島々はイギリスの自治領であるニュージーランドとオーストラリアが委任統治することになりました。委任統治とは、国際連盟から管理を委託《いたく》されて統治するという形式を意味します。

パリ講和会議は約半年にわたって行われ、同年6月28日に成立した講和条約は、パリ近郊のヴェルサイユで調印されたため、ヴェルサイユ条約と呼ばれます。

国際協調の光と影

国際連盟が成立すると、その本部はスイスの都市ジュネーブに置かれます。ただし、そこにアメリカ代表の姿はありませんでした。アメリカ議会では孤立主義（87ページ参照）が根強く、連邦議会の上院で講和条約の調印が否決されたからです。なお、敗戦国であるドイツは1926（大正15）年まで加盟が認められませんでした。ロシアのソヴィエト政権は国際連盟に属する主要国の指導者を共産主義の敵とみなしていましたが、1934（昭和9）年に政策を変更し、加盟します。

加盟国すべてが参加する総会と並んで重要な機関が国際連盟理事会です。この常任理事国として、イギリス・フランス・イタリアとともに日本が選ばれます。総会と理事会を補佐する機関である事務局の次長には、農政学者で東京帝国大学教授の新渡戸稲造《にとべいなぞう》が就任します。新渡戸はアメリカやドイツへの留学経験があり、日本の文化と伝統的な精神を紹介する『武士道』を英語で著したことで海外での知名度が高く、欧米の要人とも深い交流があったのです。

大戦の終結前後、ヨーロッパではドイツ帝国、ロシア帝国、オーストリア＝ハンガリー帝国といった大国の支配下にあった諸民族が独立を宣言し、チェコスロバキア共和国、ポーランド共和国などが成立しました。独立は14カ条の平和原則で掲《かか》げられた民族自決にのっとった行動であり、これらの国々は国際社会から独立国として承認されます。ただ、民族自決による独立が認められたのはほぼヨーロッパ諸国のみで、英領インドや仏領アルジェリアなど、アジアやアフリカに存在した植民地の立場は変わりませんでした。そのため、独立を要求する運動が植民地で激化します。

日本の政治家や民間人には、アジアの諸民族と連帯することで西洋諸国に対抗する思想（アジア主義）のもと、アジア各国の独立運動を支援する人物もいました。一例をあげると、新宿でレストランの中村屋を経営する相馬愛蔵《そうまあいぞう》は、イギリスの植民地政府に対して独立運動を展開したインド人であり元官吏のビハリ・ボースを保護しています。このボースが製法を伝えたインドカレーが中村屋の名物メニューとなります。

日本政府は、西洋諸国との友好関係を維持するため、アジアやアフリカなどの植民地支配に直接反対することを控えました。ただし、パリ講和会議の席上で国際連盟の規約に、人種差別撤廃《てっぱい》の条項を盛り込むよう提案しています。この背景には、アメリカで日本人移民に対する差別が広がっていたことがありました。中華民国、フランス、イタリアなどの諸国も提案に賛同しました。けれども、世界中に植民地を持つイギリスやその自治領であるオーストラリアなどが強く反対し、全会一致とならなかったことから、議長を務めたウィルソンは規約にこの条項を盛り込むことを見送りました。パリ講和会議に参加した近衛ら政治家は、基本的には国際協調を受け入れつつも、アメリカとイギリスに対する不満を抱き続け、これが昭和前期に両国との関係が悪化する一因となります。

また国際連盟の規約において、平和に反する行動をとる国家に対し、輸出入の停止による経済制裁と軍事力による制裁を科すことが定められていたものの、有効な制裁が実際に行われることはありませんでした。

運動で切りかわった朝鮮統治

アメリカとイギリスの人種差別に反発する日本もまた、朝鮮と台湾を植民地としており、なおかつ中華民国での権益の拡大を進めるなど、西洋の大国と同じように帝国主義的な政策をとっていました。

1919（大正8）年1月に、大韓《だいかん》帝国の初代皇帝だった高宗《こうそう》が死去します。日本による併合に反対の立場だった高宗の死を朝鮮の人々が悼《いた》むなか、パリ講和会議で民族自決が議題にあがった影響もあり、日本からの独立を唱える声が朝鮮で高まります。

同年3月1日には、東学（儒教、仏教、道教の要素を混合した朝鮮の宗教）の指導者をはじめ、以前から朝鮮の独立を主張していた人々が京城《けいじょう》（現在のソウル）のパゴダ公園（現在のタプコル公園）に集まります。彼らが独立宣言を読み上げたのち、「独立万歳！」とさけびながら公園を出てデモ行進を始めると、数万人の群衆がデモに合流しました。ほどなく、朝鮮の各地で独立を唱える運動が広がり、民衆から高級官僚まで多くの人々が参加しました。これは三・一独立運動あるいは万歳事件と呼ばれます。

日本政府は警察だけでなく、軍も動員して運動を徹底的に弾圧します。約5万人を逮《たい》捕《ほ》し、多数の死傷者を出した末、運動は沈静化しました。同年4月には朝鮮の一部の独立運動家が中華民国の上海《シャンハイ》で、大韓民国臨時政府の樹立を宣言しますが、日本を含む各国の政府はこの臨時政府を政権として認めませんでした。臨時政府は第二次世界大戦後まで存続し、1948(昭和23)年に成立する大韓民国(韓国)の政府の母体となり、このとき大統領に選出された李承晩《イスンマン》は、韓国の初代大統領に就任することになります。

三・一独立運動が起こったことへの反省から、首相の原敬は朝鮮の統治を見直します。それまでの方針は「武断政治」と呼ばれ、朝鮮総督府《そうとくふ》のトップである総督は陸軍あるいは海軍の将官が務め、軍が朝鮮の防衛や治安維持だけでなく政務に深く介入し、朝鮮人の官僚や地方自治体の首長は、日本の軍人の命令に従っていました。総督として武断政治を推し進めていた陸軍大将の長谷川好道《はせがわよしみち》は、三・一独立運動への対処として朝鮮の人々をきびしく弾圧したことが日本の政界で非難されると、総督を辞任します。

1919(大正8)年8月に、元海軍大臣の斎藤実《さいとうまこと》(昭和初期に首相就任)が新たな総督として着任しました。軍が警察や文官を指揮する体制は改められ、文官も総督に就任できるように制度が変わります。このことは、陸軍の政治的な影響力を抑える意図もありました。新たに総督となった斎藤は「文化政治」と呼ばれる穏健な統治方針をとります。具体的には、言論、出版、集会、結社の自由や、企業設立の条件を緩和します。さらに、官庁の職員として朝鮮人を積極的に採用したり、地方自治を認めたりしました。

また、病院の建設や農業用水を確保するための土木工事などを行い朝鮮の民衆の生活環境を向上させたほか、小学校の増設や京城帝国大学の創設など教育の普及・充実をはかります。斎藤はこれらの施策《しさく》により、朝鮮の人々の反発をやわらげ、日本による統治が好意的に受け入れられることを期待しました。

しかし、大日本帝国憲法で定められた臣民（日本国民）の権利は、朝鮮の人々には適用されず、日本国内の国政選挙への参加は認められませんでした。そして昭和前期からは、朝鮮人を文化的に日本人に同化させようとする政策が講じられます。

三・一独立運動が鎮圧《ちんあつ》されたのち、日本への抵抗運動は減少しますが、朝鮮の知識人は言論活動を通じて朝鮮の人々の民族意識を高めようとします。1920（大正9）年には、新聞の『東亜日報《とうあにっぽう》』『朝鮮日報』が創刊されます。ただし、民衆の団結による朝鮮の独立を支持する論調だったため、総督府によってたびたび刊行を停止されました。

中華民国でも高まる日本批判

三・一独立運動の発生から間もない1919（大正8）年4月30日、パリ講和会議で山東半島の権益を日本が獲得することが認められました。このことが中華民国に伝わると、民衆の間で日本に対する強い反発が広がります。

5月4日、北京《ペキン》において約3000人の大学生らによる日本に対する抗議集会とデモが行われると、これに同調する動きが各地に広がり、五・四運動と呼ばれる大規模な暴動へと発展します。上海、武漢《ぶかん》、天津《てんしん》ほかの主要都市では、日本経済に打撃を与えようと日本製品の不買運動が呼びかけられます。さらに、山東半島の権益を日本にゆずるよう主張した、政府要人の曹汝霖《そうじょりん》の自宅が焼き打ちされました。

当時、中華民国の前国務総理で北京政府（北洋政府）の実権を握っていた安徽《あんき》派の段《だん》祺瑞《きずい》（81ページ参照）は、日本を含む西洋諸国との協調関係の構築を進めていたことから、運動の参加者を弾圧します。すると、かえって運動は激しさを増します。工場労働者が政府に抗議の意を示してストライキを起こし、曹汝霖ら日本に追従する政治家の罷《ひ》免《めん》を求めて民衆が声を上げます。混乱をおさえるため、中華民国政府はやむを得ず民衆の声を受け入れ、6月に入ると、曹汝霖ら日本に同調する外交政策をとった高官の罷免と、山東半島の権益をゆずることを認めたヴェルサイユ条約への調印について拒否を発表します。これにより運動は沈静化しました。ただ、中華民国政府はパリ講和会議を主導した諸国と反目することまでは望まず、国際連盟には加盟しています。

五・四運動が起こる以前から、中華民国では実質的に議会が停止しており、段祺瑞ら一部の軍人が民意を無視して政治を主導していました。その最中にロシアで革命が起こり、アジア各地で独立運動が高まっていたことに中華民国の民衆は刺激を受け、日本や西洋諸国に対してほぼ言いなりのような外交政策をとっていた政府に怒り、立ち上がったのです。

このころ中華民国では、五・四運動に参加した学生たちのように、政治や社会の変革を唱える学識のある青年が増えていました。1915（大正4）年に創刊された『青年雑誌』（のちに『新青年』と

◉北京政府の構造

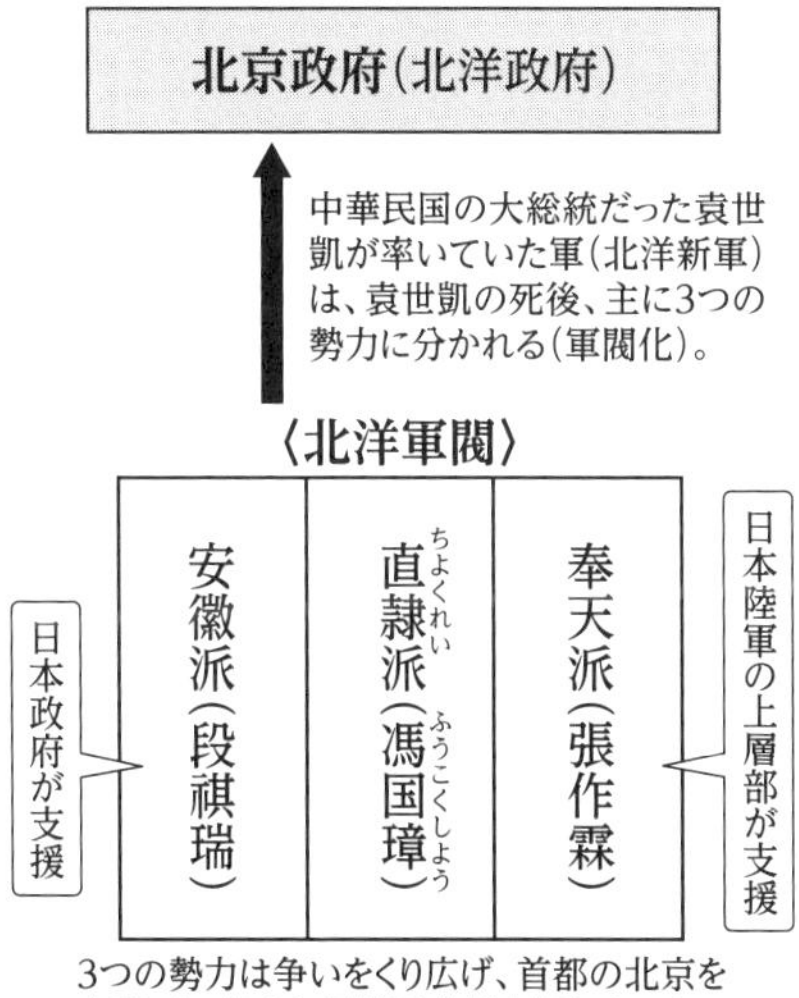

3つの勢力は争いをくり広げ、首都の北京を支配下に収めた軍閥が政権を打ち立てた。

改称）は、日本への留学経験を持つジャーナリストの陳独秀《ちんどくしゅう》、小説家の魯迅《ろじん》（本名は周《しゅう》樹人《きじん》）、その弟の周作人《しゅうさくじん》らが寄稿《きこう》し、西洋の思想を紹介するとともに、古い政治体制や習慣を批判しました。周作人は、日本で人道主義を強く唱えていた小説家の武者小路実篤《むしゃのこうじさねあつ》の作品を中国語に翻訳しています。

五・四運動に多数の民衆が参加したことを目《ま》の当《あ》たりにした孫文《そんぶん》は、少数の革命家だけでなく大衆を取り込んだ政治団体として、同年10月に中国国民党を結成します。孫文とその支持者は南部の広東省《カントン》に拠点とし、段祺瑞政権（北京政府）と対立します。段祺瑞は安徽派という軍閥《ぐんばつ》を率いていましたが、東北部（満洲一帯）を拠点とする張作霖《ちょうさくりん》が率いる奉天派《ほうてん》のほか、中華民国内にはさまざまな軍閥が割拠《かっきょ》していました。

84ページでふれたように、前首相の寺内正毅《てらうちまさたけ》の対中政策は、日本が単独で段祺瑞政権を金銭的に支援する方針でした（西原借款《にしはらしゃっかん》）。ところが、中華民国の内紛は改善せず、日本の利益につながらなかったため、原敬は大戦の終結前に西原借款を打ち切ります。そして西洋諸国との関係を重視し、中華民国への対応は、アメリカ、イギリス、フランスほかの諸国と協調する方針に切りかえます。

南洋諸島が日本の勢力圏に

日本は国際連盟からの委任統治という形で、旧ドイツ領の南洋諸島を獲得しました。同地では当初、海軍の占領部隊が治安の維持や行政を担っていましたが、1922（大正11）年に政府の官庁として南洋庁が設立され、パラオ諸島のコロール島に本庁が、北マリアナ諸島のサイパン島など複数の島に支庁が置かれます。

南洋庁は在来の島民の首長による自治を維持しつつ、日本国内の民間企業と協力して日本人の入植と産業の開発を進めました。1920（大正9）年の時点で南洋諸島の人口は在来の島民が約4万9000人、日本からの移民が約3700人でした。日本からの移民の約半数が沖縄県の出身者で、サトウキビの栽培と製糖《せいとう》、漁業、リン鉱石の採掘などに従事しました。各島では、日本からの移民とその家族のため、学校、病院、郵便局、商業施設、鉄道などが設置され、在来の島民も利用しました。

国際連盟による委任統治の規約にもとづき、軍事基地の建設は行われませんでした。それでも、日本が太平洋上に勢力圏を大きく広げたことは、フィリピンやグアム島などを領有するアメリカと潜在的な対立を深めることになります。日本は１９３３（昭和８）年に国際連盟を脱退しますが、諸外国から委任統治を取り消す声はあがらなかったため、南洋諸島は引き続き、日本の統治下に置かれ、軍事拠点としても活用されました。日本が南洋諸島を放棄するのは第二次世界大戦の敗戦時です。

その後、南洋諸島はアメリカの統治を経て、１９７０年代以降、マーシャル諸島共和国、パラオ共和国、ミクロネシア連邦が成立し、いずれも現地生まれの日系人（日本からの移民の子孫）が初代の大統領となりました。日本の統治時代に日本語教育を受けた影響から、今日、これらの地域では「サンポ」「ゾウリ」「デンキ」など、日本人が使っていた言葉の一部が日常語として定着しています。

日本で政治運動が激化

大戦を機に、ロシア、ドイツ、オーストリアの３カ国では革命が起こり、それぞれ共和政の新国家が成立し、それまでの支配階級だった王侯貴族に代わって、議会が政治の主導権を握り、国民の権利や政治参加の機会が拡大されました。なかでもロシアでは、土地や工場などの資産を労働者階級が共有する共産主義政権が成立します。これら3カ国で起こった変革の影響に加え、大戦中に各国で工業労働者が増加したことにより、世界各地で労働者や農民の待遇《たいぐう》改善を求める運動、少数民族の独立運動など、さまざまな社会運動が活発になり、大戦への反省と戦後の国際協調ムードのなかで、国家や民族を超えた民衆同士の連帯を唱える声も高まります。

また、大戦に参加した国の多くでは大量の男性が軍人として動員され、労働力の不足を補うため、働く女性が急増しました。その結果、女性の社会における発言力が高まり、大戦末期から戦後の数年間のうちに、イギリス、アメリカ、ロシア（ソヴィエト政権）、ドイツなどで女性の選挙権や被選挙権が認められます。

日本でも多様な政治運動が展開されます。その筆頭が普通選挙の実施を求める運動（普選運動）です。普通選挙とは、地位、財産、人種などの条件による選挙権の制限を課さない選挙で、明治期から大正期の日本においては、納税額による選挙権の制限（当時は直接国税10円以上）の廃止を意味します。そして、当時の女性には選挙権がなかったことから、普通選挙の対象に想定されたのは男性のみでした。普選運動は明治後期から高まり、1897（明治30）年には社会運動家の中村太八郎《なかむらたはちろう》を中心に、普通選挙の実施を主張する民間団体の普通選挙同盟会（初期の名称は普通選挙期成同盟会）が結成されます。そのため、中村は「普選の父」と呼ばれます。

1919（大正8）年2月11日、大日本帝国憲法の発布から30周年を記念して行われた祝賀会に合わせて、東京市の日比谷公園で大規模な集会が開かれると、数千人の市民や学生が参加しました。やがて、普選運動が全国に広がっていくと、政友会と対立する憲政会は、普通選挙の実現を党の目標とします。

普選運動は必ずしも従来の政治体制を否定するものではありませんでした。普通選挙同盟会の集会では国歌『君が代』が合唱され、「天皇陛下万歳」が三唱されるなど、大日本帝国憲法の枠組みを維持しつつ、普通選挙の実施を求める人々が多数でした。

ただし、元老《げんろう》や貴族院の保守的な議員の多くは変革を望まず、普通選挙の導入は時期尚早と考えていました。それは首相の原も同様でした。普通選挙を認めることで、大量の労働者や農民が政治に参加して共産主義や無政府主義が広がることをおそれたからです。とはいえ、普選運動を完全に無視することはできず、1919（大正8）年5月には選挙法（衆議院議員選挙法）が改正され、衆議院の選挙権に必要な納税額の下限が3円に引き下げられると、選挙権を持つ人は約3倍に増加します。それでも総人口の5・5％（307万人）にとどまりました。

原は選挙法の改正と同時に、大選挙区制（1つの選挙区から複数の議員を選出）を小選挙区制（1つの選挙区から1人の議員のみ選出）へと改めます。小選挙区制は当選できる者が限られるため、票が分散しやすい野党は不利で、もとから多数の議席をおさえた与党の政友会が有利と判断したのです。実際、1920（大正9）年5月の第14回衆議院議員総選挙において、政友会は464議席のうち過半数の278議席を確保し、与党の立場を維持しました。

労働者と軍隊が衝突!?

政友会は衆議院の議席の多数を押さえましたが、原内閣の前には暗雲が立ち込めつつありました。

1920（大正9）年の春ごろより、ヨーロッパ諸国の産業が立ち直ってきたことで日本の景気が悪化します。繊維製品、金属製品を中心に輸出は激減し、株価は高値から75％も暴落して、企業の倒産や銀行の破綻《はたん》が相次ぎました。これを戦後恐慌《きょうこう》といい、政府は日本銀行や大蔵省を通じた多額の融資によって企業の救済をはかります。

経営に行きづまった企業が従業員を解雇《かいこ》したり賃金を切り下げたりすると、労働運動が激化します。運動が活発化したのは、ロシア革命の影響に加え、国際連盟に属する機関として、世界各国の労働者の権利保護や社会福祉の向上を唱える国際労働機関（ＩＬＯ）が成立し、海外の労働運動と日本国内の労働運動の連帯が進んでいたこともあげられます。

西洋諸国では例年、5月1日はメーデーと呼ばれ、労働者の団結と地位の向上を主張する集会やデモが行われていました。１９２０（大正９）年の5月2日（日曜日）には、日本で最初のメーデーが開催され、東京市の上野公園に、労働者団体の友愛会（１００ページ参照）に属する労働者を中心に数千人が集まります。参加者は、労働者のストライキ（集団での労働拒否）を規制する治安警察法の改正、労働時間の上限を1日８時間とすること、最低賃金の導入などをうったえました。

同時期、大規模なストライキは全国で発生していました。たとえば、同年2～3月には、現在の福岡県北九州市にある八幡製鉄所《やはたせいてつしょ》において、2万人以上の労働者が待遇改善を求めてストライキを決行し、会社側の警備員や警官隊と衝突します。最終的に、製鉄所の経営陣は、賃金の増額と労働時間の短縮（12時間労働の2交代制を8時間労働の3交代制に変更）を受け入れます。しかし、翌年にストライキを主導した労働組合は解散させられ、２００人以上が解雇されました。

１９２１（大正10）年6～8月にかけては、兵庫県神戸市にある三菱《みつびし》造船所と川崎造船所の労働者が、解雇手当を導入し、団体交渉権（労働組合の代表と経営陣が雇用条件について話し合う権利）を認めるよう経営者に要求し、3万人以上がストライキに参加します。ここでも警官隊との大規模な衝突が起こり、最終的に兵庫県知事の要請によって軍が出動してストライキは鎮圧され、労働者側の要求は退けられました。

財閥系企業や国営の大規模工場では、労働組合の結成を規制する代わりに、工場委員会という労働者の代表と経営者らが話し合う場が設置されます。ところが、工場委員会では、経営陣が労働者側に譲歩を求める場合が多く、労働者の待遇改善はほとんど進みませんでした。

政友会の支持基盤には大企業の経営者らが多かったことから、原内閣は労働運動を弾圧する方針をとり、これに反発する労働者は少なくありませんでした。友愛会は1921（大正10）年10月に日本労働総同盟と改名し、経営者に対決姿勢を示すとともに政府批判を展開していきました。

日本にも成立した共産党

労働運動が各地で起こる状況のなか、社会主義運動を展開していた堺利彦《さかいとしひこ》や山川均《やまかわひとし》らを中心として、1922（大正11）年7月に「日本共産党」が結成されます。このころ共産主義は世界中に広がっており、ドイツ、アメリカ、フランス、イタリア、英領インドなど各国で共産党が結成されています。ソヴィエト政権（ロシア共産党）は、1919（大正8）年3月に共産主義者の国際組織であるコミンテルン（第三インターナショナル）を結成しており、各国の共産主義者による革命運動を支援していました。日本共産党もこのコミンテルンに所属します。

日本共産党がコミンテルンとの協議によって考えた党の綱領《こうりょう》（政策の基本方針）の案には、現政権の打倒、天皇を頂点とする君主政の廃止、朝鮮・台湾の植民地の放棄、農地をはじめとする資産の共有化などが盛り込まれていました。これらの主張は、吉野作造《よしのさくぞう》の民本主義《みんぽんしゅぎ》のように、大日本帝国憲法にもとづいた天皇を中心とする政治体制の枠内で権利を主張するのとは異なり、当時の政治体制を否定する内容でした。そのため政府から危険視され、日本共産党は非合法の組織とされました。日本共産党が選挙に参加して議会に議席を持つようになるのは、第二次世界大戦後のことです。

労働運動の方針について、日本共産党は、ソヴィエト政権にならって労働者を中央集権的に指導することを主張しました。これに対し、国家権力を否定する無政府主義者

（アナーキスト）の大杉栄《おおすぎさかえ》らは中央集権的な組織を否定して、各地の労働者同士の対等な連携を唱えます。すると、かねてより労働運動に参加していた人々とその支持者の間で、共産党を支持する勢力と、大杉らを支持する勢力の対立が起こります。

日本共産党の結成より早い1921（大正10）年、中華民国では陳独秀を中心として、中国共産党が結成されました。中国共産党は孫文の率いる中国国民党と連携し（第一次国共合作）、北京政府に対抗して革命勢力の拡大をはかります。しかし、孫文の死後の1927（昭和2）年に中国共産党と中国国民党は対立し、協力関係は終わりを迎えます。その後、中国共産党では若手幹部の毛沢東《もうたくとう》、日本への留学経験を持つ周恩来《しゅうおんらい》らが主導権を握ります。

そのころ、世界では？

1921年、シャネルが「NO.5」を発売

フランスのファッションデザイナーであるココ・シャネルは、婦人服ブランドを設立して成功を収め、香水の販売も手がけます。香水のなかでも、1921年発売の「NO.5」は世界的にヒットしました。

大正時代から昭和前期にかけて日中の共産主義者は協力関係にあり、日本共産党の幹部だった野坂参三《のさかさんぞう》は、昭和前期に日本で共産党への弾圧がきびしくなると、海外を転々としたのち、中華民国に渡って毛沢東らと行動をともにします。

学生たちの意識の変化

大正中期から後期には、大学などの高等教育機関への進学率が上昇するとともに、政治に関心を持つ学生が増え、各種の社会運動に参加するようになります。大学令の公布と同時期に、東京帝国大学の学生を中心とした社会運動団体である新人会が結成されました。1919（大正8）年2月に東京市で開催された普選運動の集会には、新人会をはじめ、さまざまな大学の学生団体が参加しています。

新人会に属する学生などの間でロシア革命の影響がしだいに広まると、共産主義の理論家であるマルクスの著作を愛読し、ロシア風のファッションを身につける学生が現れ、彼らは世間からマルクスボーイと呼ばれました。共産主義は大正後期から昭和前期の高学歴層の青年の間で、一種の流行として受け入れられたのです。

共産主義をはじめとする社会変革の思想に先立ち、大正前期の高学歴の青年の間では、「教養主義」と呼ばれる人格の修養を目的とする哲学や思想の探究が流行します。

明治30年代ごろまで、大学卒業者の大部分は官僚や政府機関の技術者、もしくは教師となることが通例であり、高等教育を修める目的は、立身出世を果たすとともに、国家に寄与することであるのが当然と考えられていました。また、高学歴層の多くは士族(旧武士階級)や代々の裕福な地主など地方の名家の出身であり、個人としてではなく、家(一族)のために生きるという価値観も根強く残っていました。ところが、明治末期に日本が近代国家の仲間入りを果たすと、その考えに変化が生じます。学識のある青年層らは、国家や家から精神的に独立した個人を目指し、教養主義への関心が高まったのです。

教養主義の影響を受けた学生は、独自の道徳観や人生観を説いた西田幾多郎《にしだきたろう》の『善の研究』や和辻哲郎《わつじてつろう》の『ニイチェ研究』、哲学者の阿部次郎《あべじろう》による随筆《ずいひつ》『三太郎《さんたろう》の日記』、劇作家の倉田百三《くらたひゃくぞう》が仏教・キリスト教の影響を受けて執筆した戯曲《ぎきょく》(劇の台本)の『出家とその弟子』などを愛読しました。

明治末期から大正時代には、高学歴層であっても、あえて粗野な態度をとる大学生も現れ、彼らはバンカラ（蛮《ばん》カラ）と呼ばれました。この言葉は、最新の西洋文化に影響を受けた人々を指すハイカラ（洋風の詰《つめ》襟《えり》のハイカラーが由来）という言葉との対比から生まれました。バンカラ学生は不良としての面がありつつも、教養主義にも通じ、男らしさや力強さの追求による人格の修養を重んじました。

教養主義の流行、バンカラ学生の出現、続いて起こった新人会の結成や共産主義の流行などから、もはや大学生が国家的なエリート予備軍というだけでなく、多様な価値観を持つようになったことがわかります。

農村に広がった社会運動

労働運動や社会主義・共産主義の思想は、主に都市部の労働者や高学歴層の間で広がりました。対して各地の農村では、地主に納める小作料《こさくりょう》の軽減や農地の獲得を求め、小作人が運動を起こしていました（小作争議）。1922（大正11）年4月には、キリスト教にもとづいた人道主義を唱える社会運動家の賀川豊彦《かがわとよひこ》と杉山元治郎《すぎやまもとじろう》が中心となり、日本初の全国的な農民組織「日本農民組合」が結成され、各地の小作争議を支援します。

地主などがいない平等な農村を自力でつくろうと試みた人々もいました。裕福な華族の家に生まれた小説家の武者小路は、博愛精神にもとづいて理想的な共同体の建設を目指し、私財を投じて宮崎県木城村《きじょう》（現在の木城町）に共同農場「新しき村」を建設します（のちに現在の埼玉県入間市《いるま》に移転）。住民は数十人と小規模でしたが、資産のほとんどを村の共有物とし、自給自足に近い生活を送りました。

政府が都市の発展を推し進める陰で、農村が発展から取り残されている状況を批判し、農村こそ国家の基礎と主張する「農本主義」という思想も広がります。代表的な論客である権藤成卿《ごんどうせいきょう》は、社稷《しゃしょく》（自然神や祖先の霊を中心に君主と民衆が結束した古代における国家の形）を理想とし、自然への回帰と伝統的な農村共同体の自治をうったえました。

貧民の救済や社会変革を目指す宗教団体も民衆の支持を集めます。そのなかでも、京都府出身の出口《でぐち》ナオが明治中期に創始した神道系の団体である大本教《おおもときょう》（皇道大本）は、ナオの娘婿として教団指導者の座を継いだ出口王仁三郎《おにさぶろう》のもとで規模が拡大します。海軍参謀《さんぼう》として日露戦争で功績を挙げた秋山真之《あきやまさねゆき》をはじめ、複数の著名人も入信しました。王仁三郎らは独自の宗教観から理想社会の建設を説き、税金の廃止、民衆による富の共有、戦争反対などを主張します。ただし、政府から危険な団体とみなされ、大正後期と昭和前期の二度にわたり大規模な弾圧を受けました。

キリスト教徒で社会運動家・実業家である山室軍平《やまむろぐんぺい》は、日本で初めて救世軍（イギリスから各国に広まったプロテスタント教会に属する慈善団体）に属する牧師となり、明治末期から昭和前期に死去するまで、貧民を助けるための募金を集める社会鍋《しゃかいなべ》（慈善《じぜん》鍋）を実施したほか、貧困から遊廓《ゆうかく》で働く女性の解放を唱える廃娼《はいしょう》運動などを展開します。救世軍の組織は軍隊に見立てた役職名を使用し、山室は司令官と呼ばれました。

男女平等への第一歩

大正時代には、社会における女性の地位向上や権利拡大を唱える運動が活発になります。その先駆者《せんくしゃ》となった作家の平塚らいてうは、明治末期に婦人雑誌『青鞜《せいとう》』を創刊し、女性を父親や夫に従属させる男性中心の価値観を批判し、女性の就学や社会進出の拡大などを主張しました。大正初期には、未成年の『青鞜』編集部員が吉原《よしわら》の遊廓を取材したり、バーで「五色の酒」と呼ばれたカクテルをもとにした記事を掲載したりして人々から批判されますが、『青鞜』の編集部員や寄稿者は女らしさの押しつけに異議を唱え、〝新しい女〟として注目を集めます。

平塚から『青鞜』の編集を引き継いだ伊藤野枝《いとうのえ》は、妻子のある男性だった無政府主義者の大杉栄と事実婚の関係になったことで話題を呼びます。当時は見合いによる結婚が80％以上を占め、親族や同じ村落に住む地元の有力者が見ず知らずの異性を結婚相手に決めることも多く、結婚後の女性は夫とその父母に尽くすことを求められました。そのため、家（一族）のための結婚を拒否することや、自由恋愛（不倫も含めた結婚制度にとらわれない個人の自由意志による恋愛）も、新しい思想の1つとされました。

とはいえ、『青鞜』への寄稿者の主張や伊藤ら編集部員の言動は、当時の価値観や道徳観に反しており、世論の非難を受けます。『青鞜』の売上はしだいに低下し、1916（大正5）年2月には廃刊を余儀《よぎ》なくされました。

『青鞜』の編集から退いたのちも文筆活動を続けていた平塚らいてうは、雑誌『婦人公論』をはじめとした媒体《ばいたい》において、女性の労働環境を改善し、低賃金で働きながら子育てする女性を、国家が支援すべきと論じました。さらに、元教師で労働運動に参加していた市川房枝《いちかわふさえ》、労働運動に関わっていたジャーナリストの奥《おく》むめおら

とともに、1920(大正9)年3月に「新婦人協会」を結成します。新婦人協会は、女性の就学・就労の機会を男性と平等にすること、家における女性の地位向上、男性とくらべて安い賃金で働く女性や母子世帯への公的な支援の必要性などをうったえました。

これらのうったえと並んで、とりわけ新婦人協会が強く主張したのが、女性が政治集会や政党に参加することを禁じた治安警察法の第5条の改正です。平塚らは法改正を求める署名を全国から集めたうえで、衆議院と貴族院の議員に直談判します。活動が実り、1922(大正11)年3月に治安警察法の第5条を改正する法案が成立し、女性の政治運動への参加が認められました。続いて、女性の選挙権・被選挙権を主張しましたが、これが実現するのは第二次世界大戦が終結した1945(昭和20)年のことです。

主張の異なる団体が連携

差別をめぐる運動も活発化します。江戸時代までの身分制度では、農民や町民とは別に、穢多《えた》・非人《ひにん》と呼ばれる被差別身分(賤民《せんみん》)が存在し、地域内の特定集落(被差別部落・同和地区)に居住していました。1871(明治4)年に、時の政府が解放令を発し、被差別身分とされていた人々も農民や町民と同じく平民とすることが定められます。それでも各地では、被差別部落出身者の雇用《こよう》や婚姻《こんいん》などにおける差別意識（部落差別・同和問題）はなかなか解消されませんでした。

かねてより、近畿地方で被差別部落出身者の生活を向上させる運動に関わっていた西光万吉《さいこうまんきち》、阪本清一郎《さかもとせいいちろう》、南梅吉《みなみうめきち》らが中心となり、1922（大正11）年3月に被差別部落出身者の差別からの解放を目指す「水平社《すいへいしゃ》」が結成されました。西光が起草した水平社宣言は「人の世に熱あれ、人間に光あれ」という言葉で広く知られることになります。

大正時代の社会運動の特徴の1つは、政治的な立場や主張が異なる人々が、肩を並べて行動することが多くなった点です。水平社は各地の労働組合や農民組合と連携します。初期の日本共産党で執行委員を務めた佐野学《さのまなぶ》は水平社の設立に先立ち、『特殊部落民解放論』を発表し、被差別部落問題への関心が高まるきっかけをつくります。一方で佐野は、政府が出資する満鉄（南満洲鉄道株式会社）の初代総裁だった後藤新平《ごとうしんぺい》と親交があり、日本共産党に入党する前、満鉄の下部組織である東亜経済調査局で、海外調査の仕事をしていました。この東亜経済調査局の中心的な人物だった大川周明《おおかわしゅうめい》は、西洋諸国への対抗を唱えるアジア主義者として、亡命インド人の支援も行っています。

大川と親交の深かったジャーナリストの満川亀太郎《みつかわかめたろう》が結成した政治・社会問題の研究会である老壮会には、農本主義者の権藤成卿、天皇を中心としつつ社会主義的な政治体制を築く国家社会主義を唱えた北一輝《きたいっき》、日本共産党の創設メンバーだった堺利彦、明治中期の自由民権運動に参加した大井憲太郎《おおいけんたろう》など、多様な人々が参加しています。このように、当時の社会運動は、政府に協力的な勢力と敵対的な勢力、伝統的な保守派と急進的な改革派とを単純に分けることはできず、政治的な立場や主張の違いを超えた交流が盛んでした。

大正期のさまざまな立場の人々の交流を象徴するのが、日本のみならず国際的に広がったエスペラント運動です。19世紀末にポーランドの言語学者ザメンホフは、国家や民族の違いを乗り越えるという理想を掲げ、世界共通語としてエスペラントを考案します。大戦後、各国でエスペラントの普及をはかる運動が活発になります。日本では、新渡戸稲造をはじめ、北一輝、大杉栄、堺利彦、出口王仁三郎、民俗学者の柳田國男《やなぎたくにお》、詩人・童話作家の宮沢賢治《みやざわけんじ》などが、エスペラントの普及に関わっています。

皇太子が摂政となる

各種の社会運動が起こりつつも、原敬内閣はおおむね安定した政権運営を続けていました。しかし、その最中に政界では皇室をめぐる大きな論議が巻き起こります。

1919（大正8）年6月10日に、皇太子である裕仁《ひろひと》親王（のちの昭和天皇）と、皇族で陸軍中将《ちゅうじょう》だった久邇宮邦彦《くにのみやくによし》王の娘である良子《ながこ》女王（のちの香淳《こうじゅん》皇后）との婚約が決まります。このとき裕仁親王は18歳、良子女王は16歳でした。

良子女王の母方の祖父は、幕末期に薩摩《さつま》藩主だった島津《しまづ》家の当主の島津忠義《ただよし》（明治維新後は公爵）であり、婚約にあたって医師が島津家の家系を調べたところ、色覚障害の遺伝があると診断されます。これに長州《ちょうしゅう》閥の元老の山縣有朋《やまがたありとも》が懸念《けねん》を抱きます。1910（明治43）年に皇族身位《しんい》令が施行《しこう》されて以来、皇族に属するすべての男性は軍の士官となることが義務づけられており、将来2人の間に生まれた皇子に色覚障害があれば軍務に就《つ》けず、皇室の権威がゆらぐと考えたのです。そこで山縣は、同じく元老である松《まつ》方正義《かたまさよし》と西園寺公望、首相の原と協議のうえ、久邇宮家に対して婚約の破棄が可能か打診します。

ところが、裕仁親王と良子女王の関係が良好であるため、久邇宮は強く反発します。このできごとは宮中某重大《きゅうちゅうぼうじゅうだい》事件と呼ばれ、貴族院議員で裕仁親王の教育係を務めた杉《すぎ》浦重剛《うらじゅうごう》、アジア主義団体の玄洋社《げんようしゃ》を率いる頭山満《とうやまみつる》、国家社会主義者の北一輝ほか、政界に関係の深い人々も久邇宮を擁護《ようご》し、山縣を批判しました。

さらには、薩摩藩出身で元首相の山本権兵衛《やまもとごんべえ》や元内務大臣の床次竹二郎《とこなみたけじろう》（１０３ページ参照）らも久邇宮を擁護したことから、長州閥のトップである山縣が薩摩閥と皇室の結びつきが強まることを嫌い、横槍《よこやり》を入れたという解釈が世間で広まります。山縣は世論の非難を浴び、政治的な影響力が大幅に低下することになりました。最終的に、１９２１（大正10）年2月10日に、裕仁親王と良子女王の婚約は確定しました。

問題が決着した直後の3月から9月にかけて、裕仁親王は海軍の戦艦である香取《かとり》に乗艦し、イギリス、フランス、ベルギー、オランダ、イタリアを歴訪しました。皇太子が西洋諸国を訪問して見聞を広めることは明治期から検討されており、国際協調が重視された大正後期にようやく実現したのです。

香取は横浜港を出航後、沖縄県に立ち寄ったのち、ヨーロッパに向かいました。皇太子が沖縄の地を踏んだのはこのときが初めてであり、天皇が沖縄県を訪問するのは1993（平成5）年が初めてとなります。

裕仁親王はイギリスに到着後、国王ジョージ5世の歓待《かんたい》を受け、名門校であるケンブリッジ大学において同国の憲法史の講義を受けました。のちに即位すると、このときの経験からイギリスの立憲君主を模範《もはん》として振る舞うようになったといいます。フランスでは大戦の激戦地で戦禍《せんか》の

つめ跡が残る北部のヴェルダンやソンムを訪れ、首都パリでは一般市民とともに地下鉄に乗車しています。

帰国後の1921（大正10）年11月25日、裕仁親王は天皇の政務を補佐する摂政《せっしょう》に就任します。かねてより病身だった大正天皇の健康状態が悪化し、公務を十分にこなせなくなっていたからです。皇族に関連するさまざまな制度を定めた皇室典範《てんぱん》では、皇族が摂政を務めることが定められており、裕仁親王は大正天皇に代わって、各地の視察や、議会を通過した法案への裁可（天皇による認可）など、摂政としての務めを果たします。

ちなみに、翌1922（大正11）年4月には、裕仁親王の訪英の返礼として、イギリス皇太子エドワード（のちの国王エドワード8世）が来日しています。

首相と元首相が立て続けに

発足時こそ国民から高い支持を集めた原内閣でしたが、3年目を迎えた1921（大正10）年ごろには、国民の政府への批判が強まっていました。景気の悪化、政府による労働運動への弾圧に加え、大戦末期から続いていたシベリア出兵が成果のないまま多大な戦費を浪費していたからです。しかも、不正な取引によって満鉄が政友会に巨額の政治資金を提供していたことが発覚し（満鉄疑獄《ぎごく》事件）、原内閣への非難はますます激しさを増します。社会が景気悪化や政治不信に陥《おちい》るなか、政治家や裕福な企業家を敵視し、過激な行動をとる若者が現れます。

1921（大正10）年9月、急進的な国家主義者で31歳の朝日平吾《あさひへいご》が、安田財閥を形づくった安田善次郎《ぜんじろう》（初代）の邸宅《ていたく》を訪れて安田を刺殺したのち、その場で自決します。なお、安田は複数の教育機関に寄附をしており、それによって1925（大正14）年に完成した東京帝国大学（現在の東京大学）の本郷《ほんごう》キャンパスの大講堂は、安田講堂と呼ばれます。

この事件から約1カ月後の1921（大正10）年11月4日、首相の原敬が京都で行われる政友会の集会に参加すべく東京駅を訪れた際、鉄道員で18歳の中岡艮一《なかおかこんいち》に刃物で刺され、65歳で命を落とします。中岡は政友会に関する一連の汚職事件やシベリア出兵の失敗に不満を抱き、朝日平吾の犯行の影響を受けたと逮捕後に供述しています。現在の東京駅の丸の内南改札口を出た場所、事件現場のすぐ側の壁には「原首相遭難《そうなん》現場」というプレートが設置されています。

原は襲撃を受けることを予期し、事前に遺書を残していました。その内容にしたがい、原の葬儀は郷里の岩手県盛岡市で営まれます。参列者は3万人にのぼったともいいます。没後の原には、大正天皇から大勲位《だいくんい》菊花大綬章《きっかだいじゅしょう》が贈《おく》られました。これは日本で最も高位の勲章で、ほかの受賞者は元老、日清戦争・日露戦争で軍功を挙げた陸海軍の元帥《げんすい》などであり、原の業績が彼らと同等に評価されたことを意味します。原は明治後期から複数の内閣で閣僚を務めたうえ、短命の内閣が続いた大正時代にあって、3年以上にわたり首相を務めました。

くしくも、原に続くように、政界の有力者が相次いでこの世を去ります。年が明けた1922（大正11）年1月10日、首相を退任後に健康状態が悪化していた大隈重信が、83歳で死去しました。葬儀は国費による国家行事として行う国葬ではありませんでしたが、葬儀の会場となった東京市の日比谷《ひびや》公園には、10万人以上もの参列者が訪れたと報じられました。

2月1日には、大隈と同年生まれの山縣有朋が肺炎《はいえん》で死去します。明治後期から陸軍と長州閥の実質的なトップだった山縣は、政界では保守派の中心人物とみなされていました。ただし、必ずしも強権的なだけでなく、大隈や原と協調する過程で政党政治に理解を示し、不必要な戦争は望まず、大戦への参戦やシベリア出兵にも慎重《しんちょう》な姿勢をとっていますまた、短歌の会を開いてさまざまな文化人と交流する一面も持っていました。それでも、大正政変や宮中某重大事件への関わりなどにより、国民の間に定着した悪印象はぬぐえず、政府主催の国葬が営まれたものの、葬儀当日が雨天だったこともあり、参列者は約1000人にとどまったといいます。

原、大隈、山縣という大物政治家がそろってこの世を去ったことで、政界の世代交代がうながされ、明治維新以来の藩閥政治（21ページ参照）はほぼ過去のものとなります。

軍縮の中身は日本に有利？

原の死後、元老の西園寺公望と松方正義が協議し、大蔵大臣だった高橋是清《たかはしこれきよ》が首相を兼任することになりました。同時に、衆議院の第一党である政友会の総裁の座も高橋が継ぎます。閣僚は、原内閣の顔ぶれがそのまま留任します。

このころ国際社会では大戦の反省から軍縮を唱える声が高まっていました。そのため、1921（大正10）年11月から翌年2月にかけて、アメリカの首都ワシントンD.C.において、主要国家の海軍の軍縮とアジア・太平洋地域の各国の勢力圏について話し合う会議（ワシントン会議）が開催されます。

このワシントン会議の開催を呼びかけたアメリカ大統領ハーディングは、各国の軍事力の均衡をはかることを掲げていましたが、それと同時に、太平洋における日本の勢力拡大を阻止《そし》したいという思惑もありました。暗殺される前の原の決定にもとづき、ワシントン会議には、海軍大臣の加藤友三郎《かとうともさぶろう》、駐米大使の幣原喜重郎《しではらきじゅうろう》（昭和前期に首相就任）、貴族院議長の徳川家達《とくがわいえさと》（62ページ参照）らが派遣されます。

会議の席上、アメリカ、イギリス、フランス、日本の4カ国が太平洋におけるそれぞれの勢力圏を維持し、たがいに侵犯しないことを定めた四カ国条約が結ばれます。そしてこの条約により、1902（明治35）年から続いていた日英同盟が破棄されました。この裏にはアメリカの思惑が存在しました。南洋諸島を獲得するなど勢力を拡大する日本と衝突した場合、日英同盟によってイギリスが日本側として参戦することをおそれ、アメリカが同盟の破棄を強く要望したのです。

軍縮に関しては、主要各国が保有する軍艦の総重量（トン数）の比率が定められます。アメリカ（5）、イギリス（5）、日本（3）、フランス（1・67）、イタリア（1・67）という割合です。数値だけを見ればアメリカに対して日本は不利ですが、アメリカを意識した軍艦の建造が国家予算を大きく圧迫していたこともあり、日本は反対しませんでした。アメリカの経済力と工業力は日本をはるかに上回っており、保有率を定めることでアメリカ海軍がこれ以上増強するのを防げると判断したからです。こうして、ワシントン海軍軍備制限条約（ワシントン海軍軍縮条約）が結ばれます。

また、中華民国・日本・アメリカ・イギリス・フランス・イタリア・オランダ・ポルトガル・ベ

◉各国の主力艦の保有率

国名	保有率（各種戦艦）	保有率（航空母艦）
アメリカ	5	5
イギリス	5	5
日本	3	3
フランス	1.67	2.22
イタリア	1.67	2.22

ルギーによる九カ国条約が結ばれ、大戦以前から各国が中国大陸に有している租借地を維持しつつ、中華民国の独立国としての立場を尊重することが取り決められます。九カ国条約に付随《ふずい》する形で、日本は山東半島の返還を強くうったえる中華民国と、これを支持するアメリカとイギリスの要望を受け入れ、中華民国が補償金を支払うことと引きかえに山東半島の返還に応じます。同時に、日本による山東半島の権益の確保を認めた石井・ランシング協定（89ページ参照）は破棄されました。

ワシントン会議で特筆すべき点は、アジア・太平洋地域におけるアメリカの影響力が、イギリスを上回るようになったことです。イギリスは大戦によって国力が大きく低下したのに対し、戦場とならなかったアメリカは各国に工業製品を輸出し、海外への投資を拡大するなど、経済力が急成長しました。このため、世界の金融市場の中心はイギリスの首都ロンドンから、アメリカ東海岸の都市ニューヨークに移ります。

ワシントン会議で構築されたアジア・太平洋地域における国際秩序は「ワシントン体制」と呼ばれ、日本が１９３３（昭和８）年に国際連盟を脱退したのち、ワシントン海軍軍備制限条約を破棄するまで続くことになります。

成果なく終わったシベリア出兵

原内閣が成立して以来、懸案となっていたのがシベリア出兵です。日本とともに共同出兵したアメリカやイギリスなどは、本来の目的であったチェコとスロバキアから動員された兵士たちを救出すると、1919（大正8）年から翌年までに撤兵していました。

原は当初、共同出兵した諸国と協調しつつ、出兵を小規模にとどめる方針でした。ところが、陸軍大臣の田中義一《たなかぎいち》をはじめとする政府および軍の要人との協議を経て、ロシアの極東地域においてソヴィエト政権を支持する武装勢力（赤軍《せきぐん》）が勢力を拡大することは、南満洲における日本の権益や朝鮮の防衛上、望ましくないと考えるようになります。そのため、各国の軍隊が撤収《てっしゅう》したあとも、日本は単独で戦闘を継続しました。

日本は当時、日露戦争後の1905（明治38）年に結ばれたポーツマス条約により、樺太《からふと》の南部を領有していました。樺太の北部やその近隣の沿海州《えんかいしゅう》はロシア領でしたが、少数の日本人が居住していました。なかでも、樺太の北部の対岸にあるニコラエフスク（和名は尼港《にこう》。現在のニコラエフスク・ナ・アムーレ）には、漁業や金の採掘に従事する約380人の日本の民間人がいました。

1920（大正9）年2月に、赤軍が突如としてニコラエフスクに侵攻し、日本の将兵のみならず、日本の民間人が戦闘に巻き込まれて殺害されます。尼港事件と呼ばれるこのできごとが日本に伝わると、日本国内でソヴィエト政権に対する報復感情が高まり、陸海軍のみならず国民の多くも出兵の継続を支持しました。

日本軍は尼港事件の報復措置として、樺太の北部とその対岸の一部を保障占領します。保障占領とは、賠償や講和を相手に要求することを目的として軍事力を用いた占領です。この占領には海軍の要望が反映されています。このころには軍艦の燃料は石炭から石油に切り替わりつつ

◉シベリア出兵の主な進軍ルート

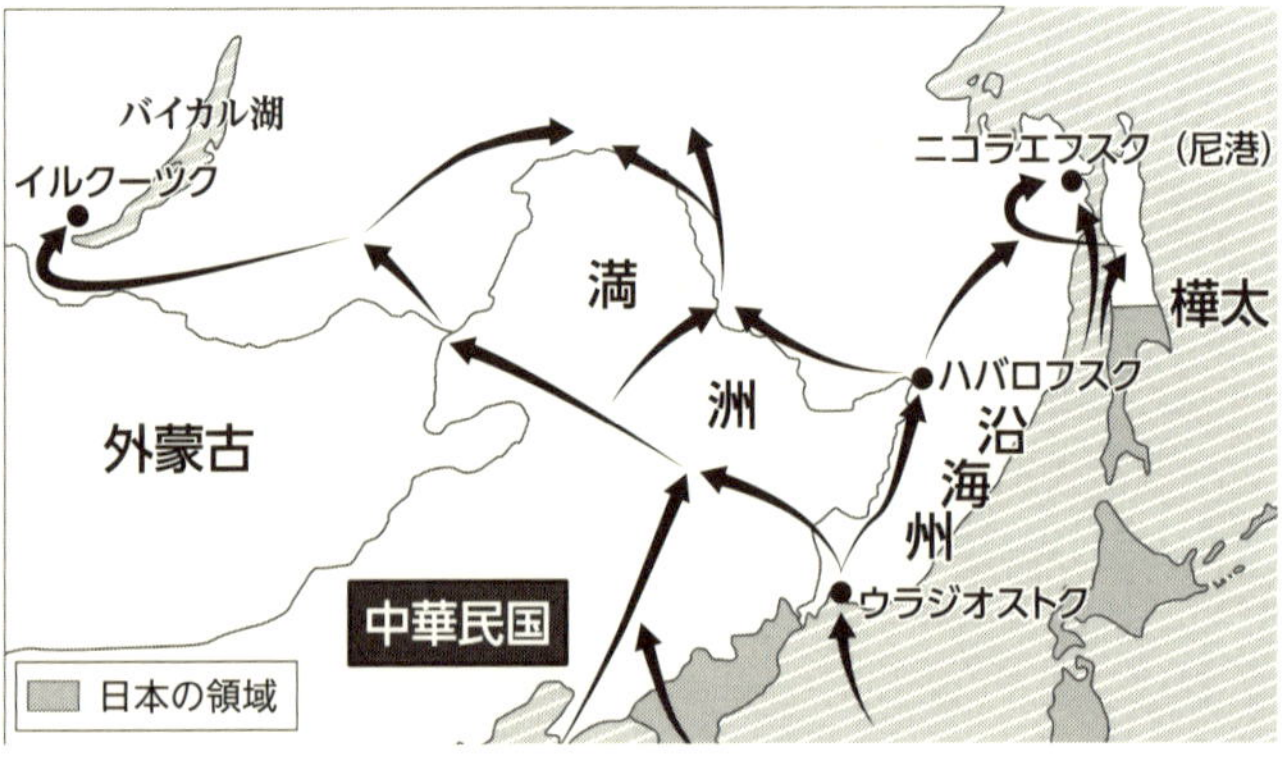

あり、樺太の北部には石油の採掘基地があったからです。

一方、ロシア領である沿海州の各地での戦闘は大きな戦果がなく、大量の兵力と戦費を消耗《しょうもう》する状態が続き、政府の内外では撤兵を唱える声が高まります。ジャーナリストの石橋湛山《いしばしたんざん》（第二次世界大戦後に大蔵大臣や首相に就任）はその代表格で、シベリアからの撤兵だけでなく、植民地（朝鮮・台湾）や満洲南部などに日本が持つ権益を放棄し、軍事費を抑えて経済活動に専念するよう主張しました。先述のように、山縣有朋もシベリア出兵の継続には慎重な姿勢を示し、沿海州からの撤兵を唱えています。

1921（大正10）年5月に政府・陸軍・外交関係の要人による東方会議が開かれ、撤退の方針が固まりました。もっとも、会議に参加しなかった陸軍の高官らは、ここで撤兵すれば、これまでにつぎ込んだ戦費と戦闘で死傷した将兵らの犠牲《ぎせい》がムダになると主張し、強く抵抗しました。大日本帝国憲法において、軍の統帥権（最高指揮権）は政府ではなく天皇に直属すると定められており、内閣は軍の方針に口を挟むことができなかったため、撤兵が実行されない状態が続きます。

その状態の最中に開かれていたワシントン会議において、海軍大臣の加藤友三郎は近いうちに撤兵することを表明します。諸外国からシベリア出兵は、国際協調と平和主義に反する行為とみなされていたからです。折しも、1922（大正11）年になると、ソヴィエト政権側の勝利が確実となり、日本は戦う意義が失われます。こうなると陸軍の強硬派《きょうこうは》も撤兵を受け入れざるを得ず、同年10月に撤兵は完了しました。

ロシアのソヴィエト政権は、1922（大正11）年末に旧帝国軍の残党や地方の分離独立派を制圧して共産党による一党独裁の体制を確立すると、連邦制を導入します。こうして、ソヴィエト社会主義共和国連邦（以降、ソ連）が成立します。ソ連共産党はコミンテルンを通じて各国で共産主義革命を起こそうとしていたため、日本をはじめ各国から敵視され、ほとんどの国家と国交がありませんでした。

なお、日本軍による樺太の北部の保障占領は、1925（大正14）年1月にソ連との国交が樹立されるまで続き、ソ連政府との協議により、返還したのちも樺太の北部において日本の民間企業が石油の採掘を行う権利が認められました。

出兵から撤兵までの約4年の間に、日本軍の戦死者と戦地での病死者は3333人を数え、酷寒《こっかん》の地で健康を害した兵士も多数いました。投入した軍事費は約10億円ともいわれ、これは当時の1年間の国家予算の約半分に相当します。

誰もが知る企業や商品

大正前期まで政府の最大の財源は、農民から徴収する地租（農地の地価にもとづいた税金）でした。しかし、大戦を機に急速に商工業が発展したことから、1918（大正7）年には、個人または企業の収入に応じて徴収される所得税が、地租より大きな割合を占めるようになります。同年には、大戦で高収入を得た人々（成金《なりきん》）を対象に、戦時利得税が導入されました。景気が後退した1920（大正9）年には、所得税法が改正され、低所得者の税負担をやわらげるため、世帯主が養う子どもなど就労していない家族の人数に応じて税を軽減する家族扶養控除《ふようこうじょ》が導入されます。

こうして農業よりも商工業が国の財源の中心になり、会社に勤める給与生活者（サラリーマン）が増加していくなかで、食品、飲料、衣類、化粧品、医薬品、家電製品、日用雑貨といった商品が急速に多様化します。そのなかには、わたしたちが知っている企業のものも少なくありません。

和歌山県出身の松下幸之助《まつしたこうのすけ》は、1918（大正7）年3月に大阪市で松下電気器具製作所（現在のパナソニックグループ）を創業しました。当時はまだ、家電製品用のコンセントとプラグが普及しておらず、家庭用の電気の線は基本的に電灯専用でした。そこで松下は電灯の横にほかの家電製品を接続できる二股《ふたまた》ソケットを開発して発売すると、大ヒットします。これを皮切りに松下は安価な商品を次々と開発・発売し、世の中に電化製品が普及していきました。

1913（大正2）年に創業した浦上《うらかみ》商店（現在のハウス食品）は、日本人の味覚に合ったカレー粉を研究し、1926（大正15）年にカレー粉「ホームカレー」（2年後に「ハウスカレー」と改称）を発売します。これをきっかけに、カレーライスは日本人の家庭料理として定着していきます。1917（大正6）年には、極東煉乳《きょくとうれんにゅう》（現在の明治乳業）と、日本煉乳（現在の森永乳業）が設立されました。明治時代から政府は富国強兵の一環として、国民に牛乳を飲むことを奨励していました。牛乳を飲めば、日本人も西洋人のような体格になると考えられていたからです。大正時代になると、練乳やバターなど牛乳を使用した加工食品が本格的に庶民にも親しまれるようになり、明治・森永の両社は急速に成長していきます。

明治初期に医薬品メーカーとして創業した資生堂は、1916(大正5)年に化粧品部門を独立させて東京市の銀座に出店します。翌年には、日本人技術者による最初の本格的な国産の香水である花椿《はなつばき》や、状況によって肌の色を変えて見せる「七色粉白粉《なないろこなおしろい》」を発売して好評を博します。さらに、情報誌の『資生堂月報』を刊行し、美容やファッション、衣食住などの最新の流行に興味を持つ女性に読まれました。

1920(大正9)年に設立された日立製作所、翌年に設立された三菱電機などによって電気扇風機が製造・販売されるようになりました。このほか、各種の電気製品メーカーによって、衣類のしわを直す電気アイロンが広く普及します。

商品を宣伝するため、新聞、雑誌、街頭の看板などに掲載する広告・宣伝も発達します。有名な例では、1919(大正8)年にラクトー(現在のカルピス)が発売した乳《にゅう》酸菌《さんきん》飲料のカルピスは、「初恋の味」というキャッチフレーズで広く知られるようになります。江崎《えざき》商店(現在の江崎グリコ)は、1922(大正11)年にグリコを発売し、そのパッケージに両手を上げた陸上選手の絵柄を採用します。絵柄は修正を重ねながら、

21世紀の現在まで使用されています。

国民がつくった都心の森

日本各地で急速に都市人口が増加するなか、民間業者による無計画な建築によって防災上の問題が生じ、町の美観が損なわれることが懸念されるようになります。そこで1919（大正8）年4月には都市計画法と市街地建築物法が公布され、翌年に施行されます。これにより、土地の用途を商業地、住宅地、工場地帯と分類したうえ、建築物の種類や大きさを制限し、火災を防ぐための防火地区や、無秩序な建築を制限する美観地区が定められました。

また、交通網の発達を背景に1919（大正8）年に道路法（旧道路法）が制定されると、明治時代の国道（明治国道）は廃止され、国道・府県道・市道・町村道の区分と、道路の工事や管理についての全国的なルールが新たに定められました。ただし、大正時代に定められた64路線の国道（大正国道）は、明治国道とも現在の国道ともルートは異なります。たとえば、現在の国道1号は東京都の日本橋から大阪府の梅田《うめだ》までのルートですが、当時は東京市の日本橋から三重県の伊勢《いせ》神宮までを結びました。

新たな建築物が次々と増え、都市部では緑地が失われる反面、東京市内では新たに人工の大森林がつくられました。現在の東京都渋谷区にある明治神宮の境内《けいだい》に広がる鎮守《ちんじゅ》の森です。1912（明治45）年7月に明治天皇が崩御《ほうぎょ》してほどなく、実業家の渋沢栄一《しぶさわえいいち》、東京市長の阪谷芳郎《さかたによしろう》をはじめとする有志が、亡き明治天皇を祭神とする神宮（完成後は昭憲《しょうけん》皇太后も合祀《ごうし》）の創建を政府に進言します。これを受けて、1915（大正4）年に政府主導で明治神宮の造営が始まりました。

敷地となったのは、江戸時代の彦根《ひこね》藩（現在の滋賀県）を治めた井伊《いい》家の下屋敷《しもやしき》の跡地です。1920（大正9）年11月に完成した境内は、約70万平方メートル（東京ディズニーランドの1・3倍以上）あり、マツ、シイ、ヒノキ、クスノキなど10万本以上の木々が茂《しげ》っています。これらは自然に生えていたものではなく、全国から献納《けんのう》され、各地の青年団の勤労奉仕によって計画的に植樹・造園されたものです。

このように明治神宮の造営もまた、普通選挙を求める政治運動、労働運動、女性の地位向上を求める運動と同様、大正時代の国民的な運動の1つといえます。

ちょっと
ひと息

住宅と生活スタイルの変化

庶民があこがれた「文化住宅」

日本の伝統的な民家は、屋内にあまり仕切りがありませんでしたが、明治後期から大正時代にかけて、各部屋にランプや電灯といった照明機器がとりつけられるようになったことで、部屋の区分けが進みます。

都市部ではしだいに電気や水道といったインフラが整備され、料理をするのにガスを使う家庭も増加しました。ただし、電気洗濯機はまだなく、洗濯には大きな桶《おけ》と凹《おう》凸《とつ》のついた洗濯板が使われていました。

また、食器などを洗う道具として、明治末期に発売された亀《かめ》の子《こ》束子《たわし》が使われていました。この素材には南洋から輸入されたヤシの実の繊維が利用されていました。

給湯設備はまだ高額だったため、大多数の家庭は銭湯を利用していました。トイレは汲《く》み取《と》り式が主流でしたが、陶器《とうき》製の便器が普及し始めていました。関東大震災後

一般的な文化住宅

は、都市部で下水道が本格的に整備され、水洗トイレを備えた家庭が現れます。

大正後期になると、都市部に住む中流以上の階層では、和洋折衷《せっちゅう》の民家である「文化住宅」が人気を集めます。基本的には和風の木造建築ながら、大きなガラス窓や板張りの床、モルタル張りの外壁などがあり、玄関の横に洋風の応接間（あるいは書斎《しょさい》）を備えていました。

一方、農村部では調理に昔ながらのかまどを用い、水道がまだまだ整備されていなかったため、地域内で共有の井戸を使うケースも少なくありませんでした。

大正時代の偉人③

新しい表現を開拓した漫画家

岡本一平

Okamoto Ippei

1886(明治19)～
1948(昭和23)年

一家そろって文化人として活動する

明治後期から大正時代は、漫画家の北沢楽天《きたざわらくてん》らが漫画文化の下地を築きました。これを大きく発展させたのが、岡本一平《おかもといつぺい》です。出身は北海道で、東京美術学校（現在の東京藝術《げいじゅつ》大学美術学部）を卒業後、転職ののち、朝日新聞社に入社して政治や世相を活写した作品を描きます。

当時の漫画は一枚の絵で完結するものが主流でしたが、岡本は複数の絵と文章を組み合わせた漫画漫文というストーリー性のある表現を確立し、『紙上世界漫画漫遊』『弥次喜多再興《やじきたさいこう》』などの作品で読者の好評を博します。また、漫画家の団体である東京漫画会の結成、漫画の展覧会の開催などを通じ、漫画家の地位向上に努めました。

妻の岡本かの子は小説家・歌人として知られ、昭和前期には一家そろって長期にわたりヨーロッパに滞在《たいざい》しています。このときフランスに留学した息子の岡本太郎《たろう》は、のちに芸術家として活躍しました。

第四章

国民の選挙権が拡大

無一文から出直して首相に

原敬《はらたかし》が暗殺されたのち首相の座を継いだ高橋是清《たかはしこれきよ》は、苦労人といえる人生を送った人物です。出身は江戸の芝《しば》（現在の東京都港区）で、幕府御用達《ごようたし》の絵師の子として生まれ、幼少期に仙台藩（現在の宮城県）の下級武士の養子になります。10代でアメリカに留学するも、だまされて住み込みの使用人として働かされ、それでも英語を身につけて日本にもどりました。

帰国後は英語教師を経て文部省の官僚となり、農商務省に転じて初代の特許局長を務めます。その後、退官して南米で鉱山の開発に関わったものの、失敗して全財産を失いました。帰国後は日本銀行に就職して日露戦争での戦費調達の任を果たし、その功績により華族（男爵）に任じられて貴族院議員を務め、さらに日本銀行総裁となります。1913（大正2）年2月に第一次山本《やまもと》内閣で大蔵大臣として初入閣すると同時に政友会《せいゆうかい》に入党し、財政面で山本内閣と原内閣の政策を支えました。

高橋内閣の成立から間もなく、憲政会、立憲国民党ほかの議員によって、25歳以上の男性の普通選挙を認める普通選挙法案が衆議院に提出されますが、議席の過半数を占める政友会の反対によって否決されます。この時点では、総裁の高橋を含む政友会の多数の議員は、納税額による選挙権の制限に賛同していたからです。それでも、普通選挙の実施を求める国民の声が依然《いぜん》として強いなか、元老《げんろう》のなかでも普通選挙の導入に強く反対していた山縣有朋《やまがたありとも》が、1922（大正11）年2月に死去します。これをきっかけに、元老と協調関係にあった政友会も、普通選挙を認める方針へと傾いていきます。

高橋内閣が行ったもう1つの施策《しさく》は、大戦終結後の景気悪化に対応した財政支出の削減です。高橋は原内閣で進められた公共事業を縮小したほか、5つの大学の新設（高等工業学校や師範《しはん》学校を大学に昇格させる）を中止します。すると、文部大臣の中橋徳五郎《なかはしとくごろう》が中止に強く反対します。そこへ、原内閣の後期から検討されていた内閣改造（閣僚の入れ替え）の問題も絡《から》み、中橋に加え、鉄道大臣の元田肇《もとだはじめ》や一部の政友会の有力議員も高橋と対立します。

この内紛は政友会の主導権争いの一面もありました。原という強力なリーダーを失ってまもなく、高橋の求心力がいまだ党に浸透していなかったのです。結局、閣内不一致により、高橋内閣は7カ月で総辞職を余儀《よぎ》なくされます。

次の首相候補は加藤と加藤

次の首相を誰にするかは、本来であれば、元老の西園寺公望《さいおんじきんもち》と松方正義《まつかたまさよし》が話し合うところですが、西園寺が病気で療養中だったため、松方は宮内《くない》大臣の牧野伸顕《まきののぶあき》、元首相の山本権兵衛《やまもとごんべえ》、枢密院《すうみついん》議長の清浦奎吾《きようらけいご》（62ページ参照）と相談します。有力な候補は、原内閣・高橋内閣で海軍大臣を務めた加藤友三郎《かとうともさぶろう》と、第三次桂《かつら》内閣・第二次大隈《おおくま》内閣で外務大臣を務め、立憲同志会を率いていた加藤高明《かとうたかあき》の2名です。松方はワシントン会議で諸外国と良好な関係を築いた加藤友三郎を第一候補とし、それが無理ならば加藤高明にすべきと判断します。

政友会の主な議員も、加藤高明を中心とした立憲同志会に属する議員らによる内閣が成立することを望まず、加藤友三郎に協力する方針をとります。こうして1922（大正11）年6月に加藤友三郎内閣が成立します。

加藤友三郎は、幕末期の広島藩（現在の広島県西部）に生まれ、海軍士官として日清戦争、日露戦争に従軍しました。第二次大隈内閣で海軍大臣として入閣すると、続いて寺内《てらうち》内閣・原内閣でも海軍大臣を務めます。ワシントン会議に全権代表として出席した際には、アメリカやイギリスとの交渉を見事にまとめます。すぐれた政治家のことを英語でステーツマン（statesman）といい、アメリカの『TIME』誌などは、加藤友三郎を「アドミラル・ステーツマン」（海軍将官で一流の政治家）と評しました。

閣僚の顔ぶれは、外務大臣の内田康哉《うちだこうさい》が高橋内閣から留任したほか、貴族院議員で元内務大臣の水野錬太郎《みずのれんたろう》が内務大臣、鎌田栄吉《かまたえいきち》が文部大臣、岡野敬次郎《おかのけいじろう》が司法大臣となり、貴族院の主流会派である研究会に属する市来乙彦《いちきおとひこ》が大蔵大臣、大木遠吉《おおきえんきち》が鉄道大臣となるなど、政友会の協力を受けつつも、貴族院議員が大部分を占めました。

加藤内閣は、高橋内閣が推し進めていた緊縮財政を継続し、ワシントン会議の方針にもとづいて海軍の予算の縮小を指示します。このほか、シベリアからの撤兵（樺太《からふと》の北部のみは占領を継続）、陸軍の軍縮、国民が裁判に参加する陪審員《ばいしんいん》制度の導入（実施は昭和初期）などを決定しました。しかし、加藤友三郎は癌《がん》に身体をむしばまれており、内閣発足から1年2カ月余りの1923（大正12）年8月24日に急死します。

ひとまず、外務大臣の内田が臨時の首相を兼任し、西園寺と松方の協議によって、加藤友三郎と同じく海軍出身で政友会と友好関係にあった山本権兵衛が、再び首相に就任しました。ところが山本が閣僚の人選に着手した直後、政界のみならず、社会全体が足元からゆるがされる事態が発生します。

首都一帯を襲った大地震

1923（大正12）年9月1日午前11時58分、相模湾《さがみ》から房総《ぼうそう》半島南東沖にかけての海底の谷（相模トラフ）を震源とする、マグニチュード7・9の大地震が起こります。地震による被害は、震源地である相模湾北西部に近い神奈川県を中心に、東京府、千葉県、埼玉県、茨城県、山梨県、静岡県の1府6県におよびました。「関東大震災」です。

地震発生時、多くの世帯が昼食の準備のため、ガス機器やかまどを使用していたこともあり、あちこちで火災が発生します。当時の家屋の大部分は木造だったことから、人口密集地の東京市内や横浜市内では火災がまたたく間に広がりました。全壊または全焼した家屋は約37万棟《とう》にのぼり、被災による死者および行方不明者の総数はおよそ10万人、そのうち、火災による死者は約９割とみられます。被害総額は55億円といわれ、当時の国家予算のじつに４倍近い金額でした。

　このとき、明治中期に建てられ、浅草（現在の東京都台東《たいとう》区）の名物として知られていた12階建ての凌雲閣《りょううんかく》（高さ約52メートル）が、８階より下の部分を残して倒壊しました。被災者の大半は家を失い、水道・電気・ガスといった生活インフラが破壊されたため、飲み水や灯《あか》りを確保するのに苦労します。電話も大部分が使用不能になり、現代のように簡単に連絡をとり合う手段もなかったため、上野公園（現在の東京都台東区）などには、行方不明の親族や友人の消息をたずねる貼り紙が大量に掲示されました。

　地震発生の翌２日、被災地が混乱に包まれるなか、

第二次山本内閣が正式に発足します。内務大臣は貴族院議員の後藤新平《ごとうしんぺい》、文部大臣は政友会に属する岡野敬次郎、農商務大臣は貴族院議員で過去に政友会に属していた田健《でんけん》治郎《じろう》、逓信《ていしん》大臣は革新倶《く》楽部《らぶ》（立憲国民党の流れをくむ政党）に属する犬養毅《いぬかいつよし》が務めました。政友会と革新倶楽部、貴族院の有力議員、官僚出身の閣僚からなる政権で、完全な政党内閣とも超然《ちょうぜん》内閣ともいえないことから「中間内閣」と呼ばれます。

◉東京市の主な被災地

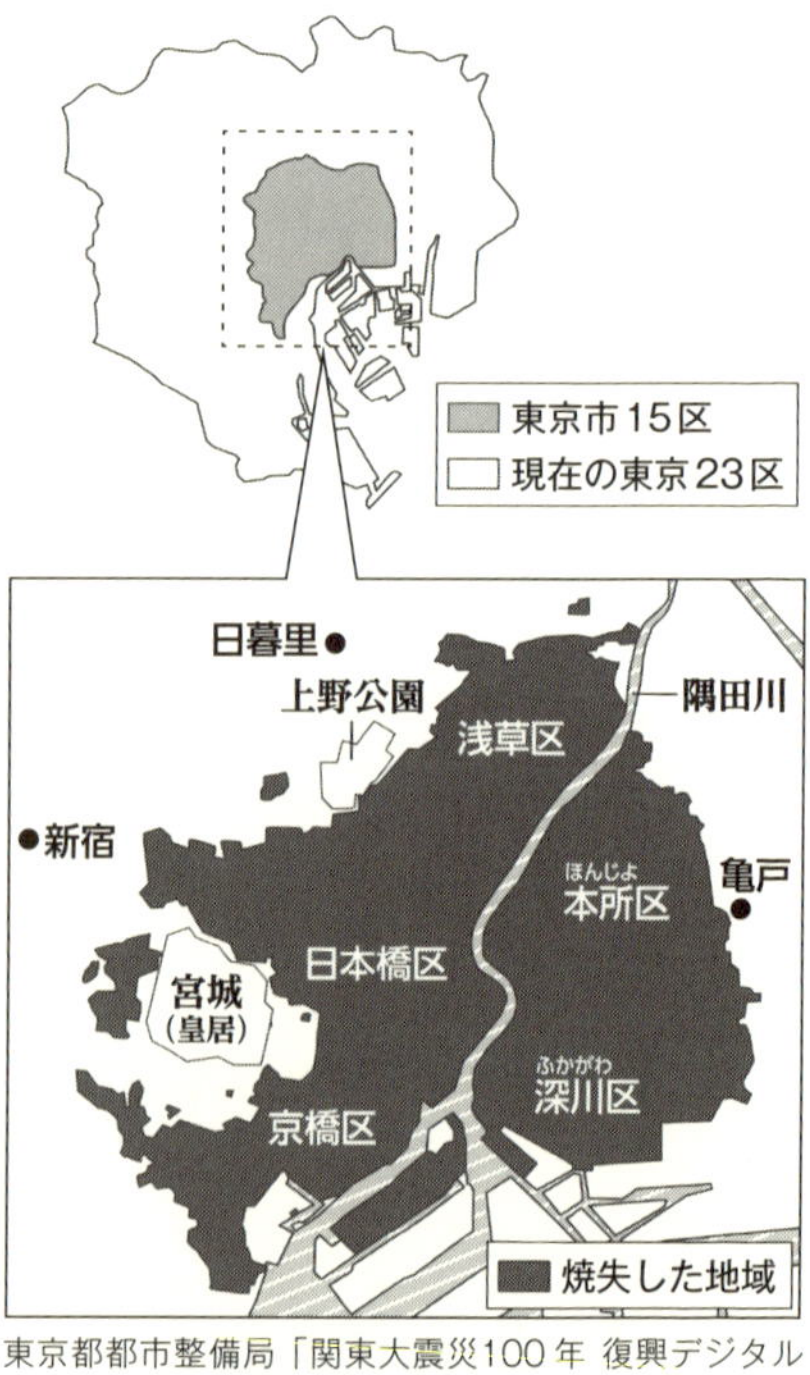

東京都都市整備局「関東大震災100年 復興デジタルアーカイブ」の図を参考に作成

　政府はただちに被災地の復興にとりかかります。東京府と近隣の県には戒厳令《かいげんれい》（戦時下などの非常事態に通常の法律を停止して発する法令）が適用され、陸軍大将の福田《ふくだ》雅《まさ》太郎《たろう》が関東戒厳司令官となり、約5万の兵が治安維持のため動員されました。米騒動や、三・一独立運動の記憶がまだ比較的に新しかったことから、政府は震災によって秩序が失われ、暴動などが多発する可能性を考慮《こうりょ》したのです。

震災発生時、大正天皇は日光田母沢御用邸《にっこうたもざわごようてい》（現在の栃木県日光市）で静養していました。2週間後には、摂政《せっしょう》を務めていた裕仁《ひろひと》親王（のちの昭和天皇）がみずから被災地を視察し、貞明《ていめい》皇后は病院や救護所を訪れ、被災者を見舞っています。

噂がもとで襲われた人々

被災地では、大部分の電話が不通となり、新聞や雑誌の印刷も配達も停止します。当時はまだラジオ放送がなかったため、ほとんどの人が正確な情報を得られない状態に陥《おちい》りました。そして不安と思い込みから、デマや誤情報が飛び交います。

一例をあげると、何者かが爆弾で建物を破壊したという噂《うわさ》が広がります。しかし、実際には地震によってガスや薬品に引火し、爆発が発生したことが原因でした。朝鮮人が井戸に毒物を投げ込んだという噂も広がります。当時は日本へ出稼《でかせ》ぎにくる朝鮮人が増加しており、三・一独立運動（119ページ参照）以来、朝鮮人の暴動を危険視する意識が広まっていたことが影響しています。治安維持を担当する内務省警保局は、噂の真相をよく確認しないまま、朝鮮人が放火や破壊活動を行おうとしているため警戒するよう、民衆に呼びかけます。

被災した市街地や被災地からの避難民が流入した近郊の村落では、木刀や竹槍《たけやり》で武装した自警団がいくつも組織されます。治安維持を担当する軍隊や警官隊のほか、噂を信じ込んだ自警団が朝鮮人を捕まえて暴行をはたらきました。その結果、殺害された朝鮮人は、内務省警保局の公式発表によれば231人、政治学者の吉野《よしの》作造《さくぞう》（101ページ参照）の調査によれば2613人とされますが、これより多いという説もあります。なお、朝鮮人だけでなく200人以上の中国人や、朝鮮人に間違われて殺害された日本人、朝鮮人への暴行に異を唱《とな》えて自警団に殺害された日本人もいました。

どさくさにまぎれての拘束

関東戒厳司令部や警察関係者は、震災により混乱する状況において反政府的な思想の持ち主が暴動やテロ行為を起こすことを警戒し、その予防措置という名目で社会主義者や労働組合関係者などを弾圧します。

9月3日には、東京府の亀戸《かめいど》（現在の東京都江東区）で、日本共産青年同盟の初代委員長を務めた川合義虎《かわいよしとら》、劇作家で労働運動指導者の平沢計七《ひらさわけいしち》ら10人が警察に拘束《こうそく》されます。川合らは軍に引き渡され、千葉県内に駐屯《ちゅうとん》する騎兵第13連隊の兵員によって殺害されました（亀戸事件）。

ほかにも、警察や軍から反政府的な人物とみなされた政治思想家や社会運動家が逮捕されたり、捜査《そうさ》の対象とされます。9月16日には無政府主義者の大杉栄《おおすぎさかえ》が、内縁の妻で婦人解放運動家の伊藤野枝《いとうのえ》（140ページ参照）とともに憲兵大尉《けんぺいたいい》の甘粕正彦《あまかすまさひこ》らによって拘束されたのちに殺害され、遺体は憲兵隊本部（現在の東京都千代田区）の古井戸に捨てられました（甘粕事件）。

軍と警察は当初、亀戸事件と甘粕事件を隠蔽《いんぺい》しましたが、ほどなく発覚します。いずれも、嫌疑《けんぎ》不十分で拘束したうえ裁判も行われないまま殺害におよんでおり、とくに甘粕事件では、大杉とともにいた6歳の甥《おい》まで殺害されたことから、軍は世論の非難を浴び、関東戒厳司令官の福田雅太郎は辞任しました。

また、日本で働く中華民国出身の労働者を支援する団体の会長で、社会運動家だった王希天《おうきてん》が、警察に拘束されたのち陸軍に引き渡されて9月12日に殺害されます。陸軍は殺害を隠蔽しますが、王希天が消息不明であることを知った中華民国政府から抗議を受けます。千葉県内に駐屯する野戦重砲兵第3旅団が殺害に関与していたことが証言や記録などにより明らかになったのは、第二次世界大戦後のことでした。

海外の国々から届いた支援

第一世界大戦後、国際協調が進み、国家間の通信・報道網が発達していました。そのため、海外でも即座に大震災に関する情報が広がり、各国から日本への支援が続々と集まります。

9月3日には、アメリカとカナダから派遣された医療関係者が横浜に到着しました。当時は日本からの移民の増加などにより、日米関係が悪化していたにもかかわらず、アメリカ政府は積極的に支援活動に参加し、アメリカ海軍の艦艇《かんてい》が大量の食料や医薬品などの物資を横浜に運び込みます。さらに、当時の内務省の記録によれば、海外から約2211万円（現在の貨幣価値で100億円以上と推定）もの義援金が寄せられ、その3分の2以上はアメリカから寄せられたものでした。これは、1906（明治39）年4月にアメリカの太平洋岸で発生したサンフランシスコ地震の折、日本の政府関係者や民間人が、積極的な支援活動を行ったことに対する返礼という面もありました。

中華民国でも、北京《ペキン》や上海《シャンハイ》など各地の大都市において日本に義援金を集める運動が広がりました。孫文《そんぶん》をはじめ、日本と友好関係にあった奉天派《ほうてんは》（124ページ参照）を率いる張作霖《ちょうさくりん》、溥儀《ふぎ》（滅亡した清の最後の皇帝である宣統帝《せんとうてい》の本名）らも私財を投じて日本に義援金や食料、医薬品などを送っています。

ほかにも、赤十字社連盟を通じて30カ国から義援金が寄せられ、諸外国から医療関係者や仮設住居の建設に協力する建築技術者が来日しました。

ソ連も救助活動を申し出て、医師や看護師を乗せた船舶《せんぱく》を派遣しました。しかし、このとき日本はソ連と正式な国交を結んでおらず、ソ連の医師らが共産主義の宣伝活動を行うことを警戒し、関東戒厳司令部が上陸を認めずに横浜港から退去させています。

大震災を機に変わった街並み

内務大臣の後藤新平は、関東大震災の発生後に設置された帝都復興院の総裁に就任し、震災の復興に取り組みます。政府内では被害規模の大きさから、東京の復興をあきらめて遷都《せんと》すべきという意見も出ましたが、後藤はこれを退けて独自に大規模な復興計画（帝都復興の議）を作成します。後藤は1920（大正9）年12月から1923（大正12）年4月まで東京市長を務めており、復興計画には、この時期に構想した再開発計画の要素が盛り込まれていました。具体的には、大規模な区画整理、道路幅の拡張、大規模な公園の建設などです。道路幅の拡張は、普及しつつあった自動車による交通量の増加への対応、将来的な市域の拡大による交通網の整備に加え、火災による建物の延焼を防ぐ意図があり、公園の建設も市街の緑化とともに防火の意図がありました。

ただ、後藤の計画をすべて実現するとなると、土地の買収、新しい道路や鉄道施設の建設など巨額の費用が必要であり、その額は約41億円とされました。これは国の年間予算をはるかに上回る金額でした。政府内では反発が相次ぎ、帝国議会での審議を経た結果、最終的に予算は約4億6840万円とされました。

後藤が想定した金額とは大きな隔《へだ》たりがあったものの、復興計画は進められます。焼失した地域の大部分で区画整理が実施されたうえ、宮城《きゅうじょう》（現在の皇居）の東を三ノ輪から新橋まで南北に走る「第一号幹線」と、宮城の北を新宿から浅草橋まで東西に走る「第二号幹線」を軸とし、52本の幹線街路と122本の補助線街路が新設されます。第一号幹線は現在の昭和通りであり、第二号幹線は大正通りと命名され、のちに靖国《やすくに》通りと改称されました。

現在の東京都台東区・墨田《すみだ》区の隅田《すみだ》川に面する一帯は、地図で見るときれいに四角い街区が並んでいます。その大部分が震災後に区画整理されたためです。この一帯はとくに火災の被害が大きかったことから、浜町《はまちょう》公園（現在の東京都中央区）、隅田公園・錦《きん》糸《し》公園（いずれも現在の東京都墨田区）のほか、複数の公園が新たに設置されます。また、東京市の東部を南北に流れる隅田川には複数の橋が架《か》かっていましたが、木造の古い橋の多くが焼け落ちたことから、橋の新設や鉄橋への付け替えが行われました。

震災後の復興にともない、東京市と横浜市をはじめとする首都圏の街並みは変化し、耐震・耐火を意識した鉄筋コンクリート製の高層建築が増えていきます。各地からの義援金をもとに設立された財団法人の同潤会《どうじゅんかい》は、東京市・横浜市の各所に、電気・ガス・水洗トイレを備えた近代的な鉄筋コンクリート製の集合住宅（同潤会アパート）を2500戸以上も建てています。

1926（大正15）年には、現在の東京都品川区と神奈川県横浜市を結ぶ国道15号が完成します。これはアスファルトを用いた本格的な舗装《ほそう》道路です。同時期、大阪市では1円（このころの1円は労働者の日給の半分程度）で、市内のどこまでも乗客を運ぶ円タク（1円タクシー）が登場し、東京市でも普及します。そして自動車の普及にあわせて、各地で道路の舗装が進みます。また、東京市が運行する路面電車の車両の多くが被災して運行できなくなったため、代わりに市営のバスが導入されました。これが現在の都営バスの前身です。

大震災を機に発達した交通機関がもう1つあります。それが地下鉄です。震災後、東京市の職員で土木技術の専門家だった丹羽《にわ》鋤彦《すきひこ》と長尾《ながお》半平《はんぺい》が後藤に対し、従来の地上の交通網では通勤ラッシュが深刻な問題になっており、これを緩和する手段として地下鉄の敷設《ふせつ》を強く勧めます。後藤と親交が深い実業家の早川徳次《はやかわのりつぐ》は、震災前から地下鉄の敷設を計画しており、早川の主導によって、１９２７（昭和２）年12月に上野と浅草を結ぶ最初の路線（現在の地下鉄銀座線の一部区間）が開業します。これは日本のみならず、アジアで初の地下鉄です。

なお、前述の早川と名前の表記が同じ人物に早川徳次《はやかわとくじ》がおり、１９１２（大正元）年に金属加工業という会社を創業します。同社が１９１６（大正５）年に発売したエバー・レディ・シャープ・ペンシル（シャープペンシル）が大ヒットします。会社は成長を続け、現在のシャープへと発展しました。

震災前から政府の内外で提唱《ていしょう》されていたのが、東京市郊外の新たな住宅地の開発です。実業家の五島慶太《ごとうけいた》は、現在の東京都目黒区・品川区・大田区に新しい住宅街を建設し、それらと都心を結ぶ鉄道網として、目黒蒲田《かまた》電鉄・東京横浜電鉄（現在の東急電鉄）の路線を敷設します。沿線地域には、鉄道の動力用だけでなく家庭用の電線が整備され、主要駅の周辺には商業施設が築かれました。大正末期から昭和前期にかけて、根津嘉一《ねづかいち》郎《ろう》（初代）が経営する東武鉄道、堤康次郎《つつみやすじろう》が経営する西武鉄道の沿線地域にも、住宅地や商業施設が次々と建設されます。

大阪市の人口が日本一に⁉

関東大震災後に本格化した、鉄道会社が沿線に住宅地を造成し、駅の周辺に設置した商業施設や娯楽施設などを経営する手法は、東京近郊に先んじて、阪神間（大阪市・兵庫県神戸市の周辺）で確立されていました。

大阪市と現在の兵庫県宝塚市の間では、1910（明治43）年3月に箕面有馬電気軌道《みのおありまでんききどう》（現在の阪急電鉄）が開業しました。その経営者である小林一三《こばやしいちぞう》は、大阪市内に通勤する人々向けに沿線に住宅地を開発するとともに、宝塚に大浴場や劇場などを備えた複合型の娯楽《ごらく》施設を建設します。この劇場に属する少女唱歌《しょうか》隊から発展したのが宝塚歌劇団です。1920（大正9）年7月に大阪市内で開業した阪急梅田駅の駅ビルは、のちに百貨店が併設され、日本で最初のターミナルデパートとされます。

三崎省三《みさきせいぞう》が経営する阪神電鉄も阪急電鉄と同様の経営方針をとり、甲子園（現在の兵庫県西宮市《にしのみやし》）一帯をはじめ、沿線に住宅地を造成します。大阪市と神戸市の中間に位置する西宮周辺には、甲陽園《こうようえん》や苦楽園など西宮七園《ななえん》と呼ばれる高級住宅地が開発され、動物園や遊園地などの各種施設が建てられました。

このように阪神間の都市開発が進むなか関東大震災が起こると、被災した多くの人々や企業が東京市・横浜市から大阪市・神戸市周辺へと移ります。横浜港は関東・中部地方で生産される生糸《きいと》の輸出港、神戸港は近畿地方で生産される綿製品の輸出港としての役割を担《にな》っていましたが、関東大震災で横浜港の設備が大打撃を受けると、数年間にわたって神戸港から生糸が輸出されます。大震災の翌年である1924（大正13）年には、神戸港からの繊維製品の輸出額が、横浜港からの輸出額の約10倍にもおよんでいます。

阪神で増加したのは輸出額だけではありません。1

そのころ、世界では？

1924年、世界２番目の共産主義国が誕生

辛亥革命後に独立を宣言したモンゴル（外蒙古《がいもうこ》）では、ソ連の支援を受けた軍人スフバートルらが臨時政権を樹立し、1924年に共産主義国となります。ただし、中華民国は独立を認めませんでした。

925（大正14）年には、大阪市の範囲が拡大したこと（第二次市域拡張）も相まって、大正末期から昭和初期にかけて、人口でも経済規模でも日本一だった時期の大阪市は「大大阪《だいおおさか》」と呼ばれます。

このころ阪神間を中心に近畿地方での文化的な活動も盛んになります。阪神電鉄が刊行した雑誌『郊外生活』は阪神間の住民に向けた観光案内や生活情報を載《の》せるだけでなく、写真コンテストを開催したり、マリンスポーツやガーデニングなど当時最新の趣味を紹介したりしました。阪急百貨店はたびたび美術展を開催し、近畿地方在住の芸術愛好者の交流の場となります。

関東大震災を機に近畿地方に移ってきた文化人もいます。その代表格である小説家の谷崎潤一郎《たにざきじゅんいちろう》は、東京から兵庫県内に移り住み、同県内を舞台にした『乱菊《らんぎく》物語』『細雪《ささめゆき》』などの作品を執筆《しっぴつ》しました。とくに活発だったのが芸能の分野です。1912（明治45）年に大阪市で創業された吉本興業は、大正時代を通じて落語や漫才などの演芸で人気を博し、関東大震災を機に東京から移った芸人も多数所属しました。宝塚歌劇団に続いて、大阪市では大阪松竹《しょうちく》歌劇団（現在のOSK日本歌劇団）が設立され、東京松竹楽劇部（のちの松竹歌劇団）とともに三大少女歌劇と呼ばれました。京都を拠点としていた歌舞伎《かぶき》役者・時代劇俳優の阪東妻三郎《ばんどうつまさぶろう》は、１９２６（大正15）年に太秦《うずまさ》撮影所（現在の東映京都撮影所）をつくりました。

大正期から昭和前期の阪神間での市街の開発や近代的な建築物の建設、娯楽産業の創出や文化活動の高まりは「阪神間モダニズム」と呼ばれます。

銃撃事件で内閣が交代

復興を進める政府では、しだいに山本権兵衛や政友会出身の閣僚と、後藤新平および犬養毅の対立が問題になります。後藤は復興計画の予算が大幅に削減されたことで強い不満を抱き、また犬養とともに普通選挙の即時導入をうったえていました。一方で後藤は、内務大臣の権限で政友会に属さない人物を各地の知事に任命したところ（知事が住民による選挙で選ばれるのは第二次世界大戦後のこと）、政友会出身の閣僚の反発を受けます。後藤と犬養は水面下で憲政党や一部の無所属議員などと連携し、普通選挙の導入を目標に掲《かか》げて新党を結成しようとしたものの、話はまとまらず実現しませんでした。

閣内不一致で政権が不安定になるなか、1923（大正12）年12月27日に、裕仁親王が乗った自動車が帝国議会に向かう途上で銃撃を受けます。この事件は虎ノ門（現在の東京都港区虎ノ門）で起こったことから、虎ノ門事件といいます。襲撃犯の難波《なんば》大助《だいすけ》は、衆議院議員で庚申《こうしん》倶楽部という少数政党に属する難波作之進《さくのしん》の息子でした。無政府主義の影響を強く受け、亀戸事件や甘粕事件を機に、国家権力の頂点である皇室を敵視するようになり犯行におよびました。難波作之進は事件翌日に議員辞職し、難波大助は大逆《たいぎゃく》罪《ざい》（天皇や皇族に危害を加える行為やその未遂罪。第二次世界大戦後に廃止）が適用され、裁判を経て翌年に死刑が執行《しっこう》されます。

裕仁親王は無傷でしたが、事件の責任をとる形で山本以下の閣僚は辞任を申し出ます。裕仁親王は続投を希望したものの、結局、山本内閣は総辞職しました。

次の首相を決めるにあたり、元老の西園寺公望は貴族院議長の清浦奎吾を提案し、同じく元老の松方正義もこれに同意します。当時、普通選挙の導入をめぐって政党間の争いが激しさを増しており、5カ月後に衆議院総選挙が行われるにあたって、政党に属していなかった清浦が適任と考えられたのです。

1924（大正13）年1月7日に発足した清浦内閣は、内務大臣の水野錬太郎、大蔵大臣の勝田主計《しょうだかずえ》、司法大臣の鈴木喜三郎《すずききさぶろう》ほか、貴族院の有力な議員が大部分を占めながら、選挙で選ばれた衆議院議員が1人も閣僚として名を連ねない非政党内閣でした。

第二次大隈内閣、原敬内閣で政党内閣が定着しつつあっただけに、国民の多くは清浦内閣を超然主義の復活とみなし、不満を抱きます。革新倶楽部と憲政会は内閣を批判し、第一党である政友会も清浦内閣への対応をめぐって意見が分かれます。政友会の総裁だった高橋是清は内閣を批判する一方、古参の有力議員である床次竹二郎《とこなみたけじろう》（原内閣・高橋内閣では内務大臣を歴任）らは内閣を支持し、かつて高橋と衝突した中橋徳五郎や元田肇らとともに「政友本党」を結成しました。

この段階では、政友会に残留する衆議院議員は129人だったのに対し、政友本党に移った議員は149人と過半数を占め、政友本党が衆議院の第一党となります。

第二次護憲運動の成果

政友会の高橋是清、憲政会の加藤高明、革新倶楽部の犬養毅の3人は、1924（大正13）年1月18日に枢密顧問官《こもんかん》の三浦梧楼《みうらごろう》の仲介によって会談しました。三浦は亡き山縣有朋や桂太郎と同じく長州藩出身の陸軍将官でしたが、元老とは対立して政党内閣を支持する立場でした。この会談で3人は、清浦内閣の打倒、政党内閣の実現、普通選挙の実施、貴族院の権限の縮小を共通の目標として、協力関係を結びます。

政友会、憲政党、革新倶楽部の3党は「護憲三派」と呼ばれ、第一次護憲運動のときに唱えられた「憲政の常道」（衆議院の第一党が内閣を担うこと）を掲げました。この護憲三派による清浦内閣打倒の動きを「第二次護憲運動」といいます。

民衆が自発的に集まり桂太郎内閣を非難する大規模なデモを行った第一次護憲運動（大正政変）とは異な

り、第二次護憲運動は政党の主導によるものです。それでも、報道の発達や教育の普及を通じて政治に関心を持つ人々が増え、普選運動やさまざまな社会運動が激化していたことから、国民の間でも清浦内閣への批判が高まります。この運動の高まりに対し、清浦内閣は、みずから議会に普通選挙法案を提出して世論の批判をかわそうとします。その内容は、独立して生計を立てている者を対象とし、働いている単身の女性にも選挙権を認めると解釈できるものでしたが、国民の支持は得られませんでした。

そうして、1924（大正13）年5月10日に行われた衆議院議員総選挙の結果、清浦内閣を支持する政友本党は112議席にとどまり、憲政会が146議席、政友会が101議席、革新倶楽部が30議席を獲得します。政友会と革新倶楽部は議席を少し減らしながらも、3党の議席数の合計は過半数となり、護憲三派は勝利しました。

この選挙が行われたころから、政治家の出身階層や立場の多様化が進みます。それまでの衆議院議員は、大地主、財界人、元官僚など名望家と呼ばれる地方の有力者が大部分を占めました。そして名望家の多くは、多数の工場労働者や農民が選挙に参加して政策に影響を与えることを望まず、納税額による選挙権の制限を維持する立場でした。しかし、第二次護憲運動が高まると、かねてより各地で若い農民、労働者、学生らによって結成されていた立憲青年党や立憲青年会という民間団体が護憲三派を支持し、彼らの協力を受けた、やや富裕な農民や商工業者、元教員、中級の退役軍人、弁護士など、民衆により近い立場の政治家が増えていきます。

選挙で選ばれた第一党が組閣

「衆議院の第一党が内閣を担うべき」という護憲三派の主張は、法令として明文化されていないため、選挙結果によって内閣が交代する義務はありません。しかし、首相の清浦奎吾は地位や権力に固執《こしつ》せず、超然内閣はもはや時代遅れと自覚しており、率直に選挙結果を受け入れます。裕仁親王の結婚に関連した行事を済ませると、1924（大正13）年6月7日に内閣は総辞職しました。

元老のうち松方正義は病に倒れていたため、西園寺公望は内大臣の平田東助《ひらたとうすけ》と協議し、第一党となった憲政会を率いる加藤高明を次の首相とすることを決定します。西園寺と政友会はかつて、第二次大隈内閣で外務大臣を務めていた加藤高明と、二十一カ条の要求をめぐって対立したこともあり、良好な関係とはいえませんでした。しかしながら、西園寺は護憲三派を支持する世論を無視できなかったのです。

加藤高明内閣は、1924（大正13）年6月11日に発足しました。じつは、明治時代から第二次世界大戦の終結まで、衆議院議員総選挙後に第一党となった政党が新たに内閣を組織したのは、意外にもこのときだけです。

加藤高明は幕末期の尾張《おわり》藩（現在の愛知県西部）の下級藩士の子として生まれ、東京大学（のちの東京帝国大学）法学部を首席で卒業した秀才です。郵便汽船三菱《みつびし》会社（現在の日本郵船）に入社したのち、海運業を研究するためイギリスに留学し、帰国後は三菱財閥を創設した岩崎弥太郎《いわさきやたろう》の娘と結婚しました。その後、イギリス滞在の経験を買われて外務省に雇《やと》われ、時の外務大臣であった大隈重信の秘書官となります。1900（明治33）年の第四次伊藤博文《いとうひろぶみ》内閣で外務大臣として初入閣して以後、4つの内閣で外務大臣を務めました。

加藤高明内閣の閣僚の顔ぶれは、元外務省官僚の幣原喜重郎《しではらきじゅうろう》（152ページ参照）を外務大臣、貴族院議員で政党に属さない岡田良平《おかだりょうへい》を文部大臣に迎えましたが、それ以外は、憲政会から内務大臣の若槻礼次郎《わかつきれいじろう》、大蔵大臣の浜口雄幸《はまぐちおさち》、政友会から司法大臣の横田千之助《よこたせんのすけ》、革新倶楽部から逓信大臣の犬養毅が入閣するなど、護憲三派に属する議員が大部分を占めました。ちなみに、幣原、若槻、浜口、犬養の4人はいずれも、昭和前期に首相となる人物です。

この加藤高明内閣の発足から、1931（昭和6）年12月に発足する犬養内閣まで、政党内閣が続くことになります。約7年あまりの期間ですが、これは第二次世界大戦前の日本で、国民の選挙で選ばれた衆議院の政党が政権を主導するようになったことを示しています。

普通選挙がスタート

加藤高明内閣の最大の施策は、普通選挙の実現です。憲政会、政友会、革新倶楽部の3党は協議を重ね、1924（大正13）年9月に普通選挙法案をまとめました。法案は皇族や閣僚経験者らが参加する枢密院での審議を経て、1925（大正14）年3月29日にようやく、貴族院と衆議院の両院で可決され、制定されます。

こうして成立した「普通選挙法」（改正された衆議院議員選挙法）は、納税の要件が廃止され、25歳以上の男性すべてに選挙権を、30歳以上の男性すべてに被選挙権を認めました。ただし、女性は引き続き、選挙権・被選挙権の対象外でした。

１９２０年代当時は世界的に見て、女性への参政権が認められる過渡期にあたります。イギリスやアメリカ、革命によって政治体制が大きく変わったドイツ、オーストリア、ソ連などはすでに女性の参政権を認めていました。一方で、フランス、スイス、中華民国、メキシコ、エジプトほか、多くの国々は日本と同じく認めていませんでした。政友本党は、選挙権の条件を

◉選挙権の拡大

年	資格（納税額）	資格（年齢・性別）	人口の割合（有権者数）
1889（明治22）年	直接国税15円以上	25歳以上の男子	1.1%（約45万人）
1900（明治33）年	直接国税10円以上	25歳以上の男子	2.2%（約98万人）
1919（大正８）年	直接国税３円以上	25歳以上の男子	5.5%（約307万人）
1925（大正14）年	納税額による制限なし	25歳以上の男子	20.8%（約1241万人）

「25歳以上の戸主《こしゅ》」とし、女性であっても世帯主であれば選挙権を認める内容の法案を帝国議会に提出しますが、否決されています。

なお、枢密院は自力で生活できない者には参政権を認めないと主張し、内閣との協議を経て、貧困を理由に公共機関あるいは私人の援助を受ける男性の参政権も認めないことが定められました。このほか、台湾や朝鮮など植民地の人々や、軍人勅諭《ちょくゆ》（30ページ参照）の規定により現役の軍人も参政権を認められませんでした。貴族院議員の資格を持つ華族の戸主も衆議院の選挙には参加できず、衆議院に立候補する場合は爵位を返上するか親族にゆずる必要がありました。

普通選挙の実現により、選挙権を持つ人の数は人口の5・5％から20・8％（約1241万人）に増加します。普通選挙法が1925（大正14）年5月5日に公布され、行われた1928（昭和3）年2月の衆議院総選挙の結果、政友会と、憲政会の流れをくむ立憲民政党（本章で後述）が議席の大多数を確保することになります。

普通選挙法の制定に先立つ1925（大正14）年3月19日、治安維持法が成立します。天皇を中心とした国体（国家体制）の変革を唱える者や、私有財産制の否認（共産制の確立）を目的とする結社の設立と活動を処罰《しょばつ》する法律です。成立の背景には、日本共産党の存在や、ソ連との国交樹立（本章で後述）を機に、君主政の打倒や共産主義思想が広がることへの強い警戒がありました。昭和前期には、治安維持法による取り締まりの対象はしだいに拡大され、共産主義者ばかりでなく、反戦を唱える者や、国家神道に批判的な宗教団体なども取り締まられることになります。

政党の総裁になった陸軍大将

加藤高明内閣のもう1つの代表的な施策は、かねてより護憲三派が唱えていた貴族院の権限の縮小です。ただし、普通選挙法案の可決に貴族院の協力を得る見返りに、縮小は限定的な内容にとどまりました。具体的には、爵位を持つ議員の定数の削減と議員資格年齢の引き上げ、文部省に属する帝国学士院（現在の日本学士院）から選出された政治学者、科学者、哲学者らの有識者による議員枠の新設などです。

一方、外交関係では諸外国との協調を基本方針としました。アメリカが1924（大正13）年5月に、日本人をはじめとするアジア系人種の移民を禁じる移民法を定めたところ、日本国内で国家主義者や国民による反米デモが発生します。日本政府はアメリカ政府に抗議しますが、対抗措置は控《ひか》えました。また、ソ連が国際社会で孤立《こりつ》状態を脱するためイギリスやフランスと国交を結ぶと、日本も１９２５（大正14）年1月20日に条約（日ソ基本条約）を結び、ソ連との国交を樹立しました。このころ、中華民国に駐留する一部の軍人は、張作霖などの地方軍閥と交流していましたが、政府は中華民国に対して内政不干渉の方針をとります。これらの外交政策を主導した幣原喜重郎は、以降の若槻内閣、浜口内閣でも外務大臣に就任し、同様の方針をとっています。

日本がソ連との国交を樹立してから約2カ月後の１９２５（大正14）年3月12日に、孫文が死去します。そして、日本への留学経験を持つ軍人の蔣介石《しょうかいせき》が中国国民党の指導者の地位に就《つ》きました。孫文の意志を継いだ蔣介石は、翌年から国民党軍（国民革命軍）を率いて北上し、軍閥や中国共産党の制圧を進め（北伐）、１９２８（昭和３）年に北京政府（北洋政府）を打倒します。

大正末期は中華民国への軍事的な介入を控えたことに加え、国際社会が軍縮に向かう風潮《ふうちょう》にあったことから、加藤高明内閣は陸軍の軍縮に取り組み、４個師団を廃止しました。これは時の陸軍大臣だった宇垣一成《うがきかずしげ》の名から宇垣軍縮と呼ばれます。

これらの政策を進めるなか、政権の一角を占める政友会の総裁が交代します。原敬の死後に総裁となった高橋是清は組織のリーダーに向いておらず、政友会の分裂（政友本党の成立）を招いたからです。新たな総裁に推挙されたのは、原内閣、山本内閣で陸軍大臣を務めた陸軍大将の田中義一《たなかぎいち》（昭和初期に首相就任）でした。大正初期こそ2個師団増設問題（31ページ参照）などで陸軍と政友会は対立していましたが、田中は閣僚を務めるうちに政友会と深い信頼関係を築いていました。現役の軍人は政党に所属できないため、田中は予備役に退いたうえで政友会の総裁となりました。同じく護憲三派の革新倶楽部は内紛が起こった末に解党し、大部分の議員が政友会に合流します。

内閣を改造したものの

護憲三派の共通目標だった普通選挙法の成立、貴族院の改革が果たされると、しだいに憲政党と政友会は対立します。きっかけは税制の整理でした。大戦終結後の不況にともなう地方財政の悪化を補うため、政友会がそれまで国税に分類されていた地租を地方税に移すよう提案したところ、憲政会が反対したのです。争いはエスカレートし、ついには閣内不一致に陥り、1925（大正14）年7月31日に加藤高明内閣は総辞職しました。

政友会の幹部らは、次は自分に首相指名が回ってくることを期待し、水面下で政友本党との連携を進めていました。しかし、元老の西園寺公望は加藤高明の政権運営に満足していたことから、首相を続投させます。前年の7月に松方正義は病死しており、最後の元老となった西園寺はこれ以降、政党内閣を原則とする方針をとります。

再編された第二次加藤高明内閣（加藤高明改造内閣）は、8月2日に発足しました。憲政会に属する閣僚は留任しましたが、政友会と旧革新倶楽部に属して

そのころ、世界では？

1925年、パフレヴィー朝が成立

ペルシア（カージャール朝）では、外国勢力が進出するなか、軍人のレザー・ハーンがクーデタで実権を握ると皇帝となり、1925年にパフレヴィー朝を創始します。その後、国号をイランに変更しました。

いた閣僚は憲政会の政治家に交代します。

このとき憲政会は衆議院の第一党でしたが、議席数は過半数におよばなかったため、政友本党と連携します。この協力関係から発展して、2年後の1927（昭和2）年6月に憲政会と政友本党が合併して、「立憲民政党」が成立することになります。

首相として再スタートを切った加藤高明でしたが、心臓に持病があり、年が明けた1926（大正15）年1月28日に急死します。暗殺された原敬、病死した加藤友三郎に続き、大正時代で3人目となる在任中での首相の死去です。内務大臣の若槻礼次郎が首相を臨時兼任したのちの1月30日に、正式に首相に就任し、憲政会の総裁となります。閣僚は第二次加藤高明内閣の顔ぶれがそのまま留任しました。

政治スキャンダルが続発

大正時代最後の首相となる若槻礼次郎は、大正時代で初の首相だった西園寺公望より17歳下です。松江《まつえ》藩（現在の島根県東部）の下級武士の子に生まれ、尋常《じんじょう》小学校の代用教員として働いたのち、東京帝国大学に入ります。卒業後は大蔵省の官僚となり、第三次桂内閣、第二次大隈内閣では大蔵大臣を務めます。多くの官僚出身の政治家と同じく貴族院に属しましたが、首相就任の時点で爵位はなく、原敬に続く平民の首相として、新聞や雑誌などのマスメディアは好意的でした。

ところが就任からまもなく、若槻内閣は汚職《おしょく》疑惑に直面します。明治初期から昭和前期にかけて、全国各地には男性客を接待する公認の遊廓《ゆうかく》があり、そのうちの松島遊廓（大阪市西区）は、都市開発が進むなかで移転が検討されていました。この移転と再開発に関与していた不動産業者が取引を有利に進めるため、憲政会と政友会の幹部に賄賂《わいろ》を贈《おく》ったというのです。首相の若槻まで関与を疑われて出廷《しゅってい》します（松島遊廓疑獄《ぎごく》）。翌年10月の判決で関連を疑われた議員は無罪となり、若槻の関与も否定されましたが、この判決がくだされるまで若槻内閣は国民からの非難を浴びます。

政友会は松島遊廓疑獄への関与をめぐって若槻を非難しますが、ほどなくその政友会でも不正の疑惑が発覚します。総裁の田中義一が、原内閣と山本内閣で陸軍大臣を務めていた当時、機密費の３００万円（当時の大臣の年収の２００倍以上に相当）を着服し、それを総裁への就任時に政友会へ提供した疑いです（陸軍機密費横領問題）。元ジャーナリストで憲政会に属する議員の中野正剛《なかのせいごう》らが田中を追及し、事件を担当した検事が死体となって発見される怪事件なども起こりましたが、証拠不十分で田中は起訴されず、事件は幕引きとなりました。

続いて、朝鮮人の無政府主義者である朴烈《パクヨル》の裁判をめぐる問題（朴烈事件）が、世間を騒がせます。朴烈は大震災の直後、内縁の妻である金子文子《かねこふみこ》とともに警察に拘束されたのちの取り調べにおいて、天皇と皇太子を襲撃する計画をくわだてていたと証言し、大逆罪に問われました。朴烈と金子文子は、1926（大正15）年3月に死刑判決を受けたものの、それから約10日後に恩赦《おんしゃ》（天皇の認可による特別な法的措置。この場合は減刑）により無期懲役《むきちょうえき》に減刑されます。その理由として、朴烈に共感する朝鮮人の暴動をおそれたからともいわれます。けれども、朴烈は減刑を拒否し、金子文子は7月に獄中でみずから命を絶ちました（朴烈は第二次世界大戦後に釈放され、独立国となった大韓民国に帰国）。

じつは、朴烈の証言は判事が作成した事実無根の内容であり、朴烈と金子文子もあえて国家に対する反逆者として名を残すことを望み、無実の罪を受け入れることと引きかえに、一定の自由を許されました。それが真実であると示すように、獄中の朴烈が金子文子と親しげな雰囲気でくつろいでいる写真が新聞に掲載されます。新聞記事の論調は、朴烈と金子文子を政治的に非難する内容ではなく、獄中の犯罪者のラブロマンスをのぞき見るというゴシップ的なものでした。

この記事が報じられると、政友会や政友本党の議員、政府を批判する国家社会主義者の北一輝《きたいっき》らは、大逆罪の判決をくだされた人物を若槻内閣は優遇《ゆうぐう》し、天皇だけが有する恩赦の権限を勝手に行使したと非難します。一説には、若槻内閣の打倒をくわだてる北一輝が、朴烈と金子文子の写真を公開するよう仕向けたともいわれます。朴烈事件をきっかけに、政府与党の憲政会と、これを批判するさまざまな勢力との政争が激化します。

政党内閣が定着しつつも、松島遊廓疑獄、陸軍機密費横領問題、朴烈事件などをめぐり政争がくり広げられたことから、国民は政党に対する不信感を募《つの》らせていきます。

公認された無産政党

議会で憲政会と政友会が争う一方、普通選挙法の成立を機に、社会主義や共産主義の影響を受けた労働運動や農民運動の参加者の間では、政党を結成して国政に進出しようという動きが広がります。彼らは、ほとんど財産を持たない貧しい階層を支持基盤としていたことから、「無産政党」と呼ばれました。

このころ、日本労働総同盟（総同盟）、日本労働組合評議会（評議会）、日本農民組合をはじめ、多数の労働組合や農民団体などの組織が存在し、組織間での対立や組織内部での主導権争いがくり広げられていました。その大きな要因は、非合法の組織である日本共産党と連携して正面から政府と敵対する急進的な路線と、共産主義とは距離を置くやや保守的で穏健な路線という方針の隔たりです。

1925（大正14）年12月には、日本農民組合を中心とした農民労働党が結成されます。ただし、時の加藤高明内閣に治安維持法に反する危険な団体とみなされ、届け出を行ったその日のうちに農

◉無産政党の変遷図（大正時代）

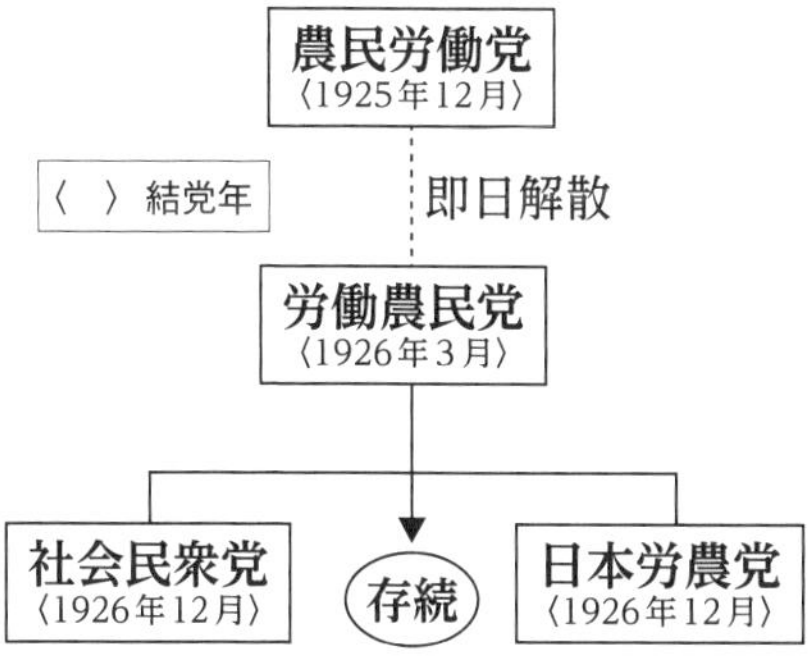

民労働党は解散させられました。翌年3月、農民労働党の主要メンバーは労働農民党を結成しますが、同年末には共産主義と距離を置く保守的な穏健派と、やや保守的な中間派が分離します。穏健派は社会民衆党、中間派は日本労農党を結成し、両党とも活動を公認され、昭和初期に普通選挙が実施されると、少数ながら衆議院で議席を獲得します。

ちなみに、社会民衆党のトップである書記長を務めた片山哲《かたやまてつ》は、第二次世界大戦後に結成された日本社会党の書記長を務め、1947(昭和22)年に首相に就任します。

農民労働党の結成と同時期、元工場労働者で作家の細井和喜蔵《ほそいわきぞう》が女子工員の実態を記した『女工哀史《じょこうあいし》』を著します。同書を通じ、女子工員の過酷な労働環境が広く知られるようになり、その改善をうったえる声が高まることになりました。

労働運動の高まりや社会主義思想の広まりは、天皇を中心とする国家体制をおびやかす存在とされ、保守的な国家主義者から敵視されます。ただし、当時は必ずしも国家主義と社会主義は完全に対立しているわけではありませんでした。北一輝や、その同志の大川周明《おおかわしゅうめい》、西田税《にしだみつぎ》らは、共産主義を否定してソ連を敵視しつつも、皇室を維持したうえで、華族制度と貴族院の廃止、国家による土地や財産の管理など、社会主義的な政策を唱えています。当時の軍の中級士官や若手の官僚のなかにも、社会主義的な改革を構想する者は少なくありませんでした。一例をあげれば、当時の農商務省の若手官僚で、第二次世界大戦後の1957（昭和32）年に首相となる岸信介《きしのぶすけ》も、青年期は北や大川の影響を受け、国家が産業や経済を管理する社会主義的な政策を構想していました。

国家主義を唱えつつ社会主義的な政策を取り入れる動きは日本だけでなく、同時期のイタリアで結成されたファシスト党、ドイツで結成されたナチ党（国民社会主義ドイツ労働者党）など、各国で広がっていきます。

個人としての生き方と文学

大正時代にはさまざまな政党が躍進し、各種の政治運動が活発になっただけでなく、出版、演劇、映画、音楽といった文化産業も大きく発展しました。

とくに若い高学歴層に大きな影響力を持っていたのが文学者であり、なかでも夏目《なつめ》漱《そう》石《せき》の著作は、教養主義（136ページ参照）を追求する青年に広く読まれました。東京帝国大学で英語講師を務めた漱石は、学者としての立身出世に背を向けて専業作家となり、『草枕《くさまくら》』『三四郎』『それから』『こころ』などの小説を通じて、権威や家からの束縛《そくばく》に反発する個人をえがきつつ、富や地位を追い求めない隠遁者《いんとんしゃ》のような生き方を理想としました。1913（大正2）年に創業した岩波書店は、漱石の全集や多くの哲学書を刊行し、文芸・学術出版社として成長していきます。

漱石と同時期には、島崎藤村《しまざきとうそん》、田山花袋《たやまかたい》など、人間の生き様や社会をありのままに描写しようとする「自然主義」を唱える作家が数多く活動していました。また、上流階級の子弟が通う私立の学習院（現在の学習院大学）の出身者たちが自費で創刊した雑誌『白樺《しらかば》』を中心に活動した作家たちは「白樺派」と呼ばれ、自然主義に反発しつつ個人の自由な精神を尊重し、博愛的な人道主義や理想主義を掲げました。代表的な作家は、『お目出《めで》たき人』『友情』などの作品を著し、「新しき村」（138ページ参照）をつくった武者小路実篤《むしやのこうじさねあつ》のほか、志賀直哉《しがなおや》、有島武郎《ありしまたけお》らです。白樺派に属する文化人は幅広く、彫刻家の高村光太郎《たかむらこうたろう》、画家の岸田劉生《きしだりゅうせい》、劇作家・評論家の倉田百三《くらたひゃくぞう》らがいます。

白樺派と同じく自然主義を批判した森鷗外《もりおうがい》は、陸軍で軍医総監を務めるかたわら『阿部一族』『佐橋甚五郎《さはしじんごろう》』などの歴史小説を発表し、美を追求することを文学の目的に掲げました。鷗外の影響を強く受けた「耽美《たんび》派」の作家には、男女の恋愛を鮮明にえがいた谷崎潤一郎、江戸文化や芸妓《げいぎ》の世界をえがいた永井荷風《ながいかふう》がいます。

芥川龍之介《あくたがわりゅうのすけ》は、『羅生門《らしょうもん》』『河童《かっぱ》』『藪《やぶ》の中《なか》』など日本の古典や伝承を題材にしつつ、理知的な作風で知られます。芥川と親交の深かった菊池《きくち》寛《かん》は歴史小説から通俗的な娯楽作品まで手がけ、1923（大正12）年にみずから雑誌『文藝春秋《ぶんげいしゅんじゅう》』を創刊しました。菊池は歴史物の娯楽小説を数多く手がけた直木《なおき》三十五《さんじゅうご》とも親しい間柄《あいだがら》にあり、1935（昭和10）年に、芥川と直木の両人の名を冠《かん》した芥川賞と直木賞を創設します。

忍者と探偵が人気に

大正期の出版界では、大日本雄弁会（現在の講談社）が、『講談倶楽部』『婦人倶楽部』『キング』など、大衆向けの娯楽雑誌を次々と刊行して人気を集めます。これらの雑誌や新聞を通じて大衆文学も活発になります。とくに人気のジャンルは時代小説で、剣豪《けんごう》や隠密《おんみつ》が入り乱れる吉川英治《よしかわえいじ》の『鳴門《なると》秘帖《ひちょう》』、幕末期を舞台にした中里介山《なかざとかいざん》の『大《だい》菩薩峠《ぼさつとうげ》』、大佛次郎《おさらぎじろう》の『鞍馬《くらま》天狗《てんぐ》』、捕物帳《とりものちょう》（江戸時代を舞台にした犯罪物）の元祖とされる岡本綺堂《おかもときどう》の『半七捕物帳《はんしちとりものちょう》』などが好評を博しました。

時代小説のなかでも、大阪の立川文明堂《たつかわぶんめいどう》が刊行した立川文庫は、『猿飛佐助《さるとびさすけ》』『霧隠才蔵《きりがくれさいぞう》』などの忍者物を数多く刊行します。単純明快かつ派手な場面が随所に登場し、現在のライトノベルのように若い読者に親しまれました。江戸時代までの歌舞伎や浄瑠璃《じょうるり》などで忍者をヒーローとしてあつかった作品は少なく、さまざまな術を操る忍者のイメージは、立川文庫と、忍者を主人公とする『豪傑児雷也《ごうけつじらいや》』などの映画が大流行したことによって大正時代に定着したものです。

大正末期には、都市部を中心に、探偵小説（ミステリ）も浸透します。江戸川乱歩《えどがわらんぽ》は名探偵の明智小五郎《あけちこごろう》が登場する『D坂の殺人事件』『心理試験』『屋根裏の散歩者』などの作品を発表し話題になります。1920（大正9）年に創刊された雑誌『新青年』（中華民国で刊行された同名の雑誌とは無関係）には、乱歩をはじめとした作家が寄稿《きこう》しました。その編集を担当した横溝正史《よこみぞせいし》はのちに小説家へと転じ、名探偵の金田一耕助《きんだいちこうすけ》を主人公とするシリーズ物を手掛けるようになり、一躍、人気小説家の仲間入りを果たしました。

子ども向けのエンタメ

明治時代まで大多数の世帯は、農民や漁民、個人商店であり、子どもは10代のうちから親とともに農作業や店の手伝いなどに従事していました。また、当時の民法では婚姻《こんいん》が可能な年齢は男性17歳、女性15歳からであり、20歳未満で結婚する人も多数いました。このため、子どもを大人と明確に区別する感覚は、それほど定着していませんでした。

しかし、明治末期には尋常小学校への就学率が90%に達し、子どもが学校という空間で数年間を過ごすことが一般的になると、子どもを大人と区別してあつかう意識が広まります。さらに、教養主義や大正デモクラシーの影響を受けた高学歴層の間では、子どもの自主性を重んじることや、子どもの純朴《じゅんぼく》さを守り、指導していく必要性が唱えられます。このような環境が整うなかで、子ども向けの出版物や娯楽が普及していきます。

子ども向けの雑誌は明治後期から刊行されていましたが、大正時代に入ると急速に部数を伸ばします。大日本雄弁会は、1914（大正3）年11月に『少年倶楽部』を創刊し、のちに吉川英治や大佛次郎らが少年向け小説を連載して人気を博します。1922

（大正11）年8月に創業した小学館は、『小学五年生』と『小学六年生』を手はじめに、小学生向けの学習雑誌を次々と刊行しました。

児童文学者の鈴木三重吉《すずきみえきち》は、1918（大正7）年7月に童話と童謡の児童雑誌『赤い鳥』を創刊し、芥川龍之介、有島武郎、菊池寛ら当時の著名な作家も寄稿しました。同誌に寄稿していた童話作家の小川未明《おがわみめい》は、『赤い蠟燭《ろうそく》と人魚』『野薔薇《のばら》』などの作品で知られます。このほか同時期の詩人・童話作家である宮沢賢治《みやざわけんじ》は、大正末期に『注文の多い料理店』『やまなし』などの作品を発表します。ただ、発表当時はあまり注目されず、没後に『銀河鉄道の夜』ほか未発表の作品が高く評価され、第二次世界大戦後には教科書に作品が採用されるようになりました。

大正時代の子ども向けのメディアには、大人が子どもを道徳的に教え・導くという理想が反映されています。反面、少年少女による窃盗《せっとう》事件や暴力事件が発生し、たびたび世間を騒がせました。当時、小学校を卒業した80％以上の子どもはすぐに働きに出て、都市の工場や商家に勤めたものの過酷《かこく》な労働環境に耐え切れず、逃げ出して浮浪児《ふろうじ》となったり、不良の集団に身を投じたりする例が続出していたのです。

1922（大正11）年4月には、一般の刑法とは別に少年法が公布されます。18歳未満を大人と区別して少年とし、犯罪にかかわった少年少女を処罰するだけでなく、教育的な措置をほどこす方針がとられました。同年には20歳未満の飲酒が初めて禁止されます。これらの法律の成立も、大人と子どもを区別する価値観の定着をうながすことになります。

女性の教育事情

明治末期から大正時代には、各種の少年向け雑誌に続いて『少女の友』『少女画報』『少女倶楽部』などの少女向け雑誌が次々と創刊されます。この時期の少女雑誌や少女向けの商品広告を飾ったイラストは抒情画《じょじょうが》（叙情画《じょじょうが》）と呼ばれ、現代の少女漫画の絵柄の元祖ともいえます。華やかさや可愛らしさを強調しつつ、はかなげな雰囲気を合わせ持った画風が特徴です。抒情画の担い手としては、竹久夢二《たけひさゆめじ》、高畠華宵《たかばたけかしょう》、蕗谷虹児《ふきやこうじ》、須《す》藤《どう》しげるらの画家が知られています。

当時の雑誌文化、とくに少女雑誌で盛んだったのが投稿欄《とうこうらん》を通じた読者間の交流です。

遠く離れた土地に住む見ず知らず同士が、投稿欄に詩や短歌を送ってたがいに刺激を受けてセンスを磨き、私的な悩みを告白することで仲間意識を抱くようになります。

栃木高等女学校（現在の栃木県立栃木女子高等学校）の生徒だった吉屋信子《よしやのぶこ》は、少女雑誌への投稿を経て、20歳で小説『鈴蘭』が『少女画報』に掲載され、少女を主人公とした小説『花物語』で女学生の共感を集めます。後年には『徳川の夫人たち』『女人平家《にょにんへいけ》』など女性の視点からの歴史小説も執筆しました。

少女雑誌が盛んに読まれるようになった背景には、女性の進学率が上昇し、読書を愛好する若い女性が増えた点があります。昭和前期までの義務教育の期間だった尋常小学校より上の高等女学校（4年制が基本。のちに5年まで在学可能に）に進学する女子は、1905（明治38）年時点では約4％でしたが、1925（大正14）年には約14％にまで上昇し、在学者の数は20万人以上におよびました。

なお、1879（明治12）年に制定された教育令のなかで、中等・高等教育（大正時代における中学校・高校、高等女学校ほか）においては男女が別の学校で学ぶよう定められていたため、当時の10代の交友関係は、もっぱら少年同士、少女同士が中心でした。

こうした男女別学の体制を反映して、男女で教育方針も大きく異なりました。男子学生の通う学校は卒業後に官庁や民間企業に就職することを想定した教育を行っていたのに対し、高等女学校の教育方針は家庭的な女性（良妻賢《りょうさいけん》母《ぼ》）の育成を目的としており、国語や数学のほか、裁縫《さいほう》と家事が必修の科目となっていました。

明治後期には日本女子大学校（現在の日本女子大学）が

◉学校の系統（1919年時点）

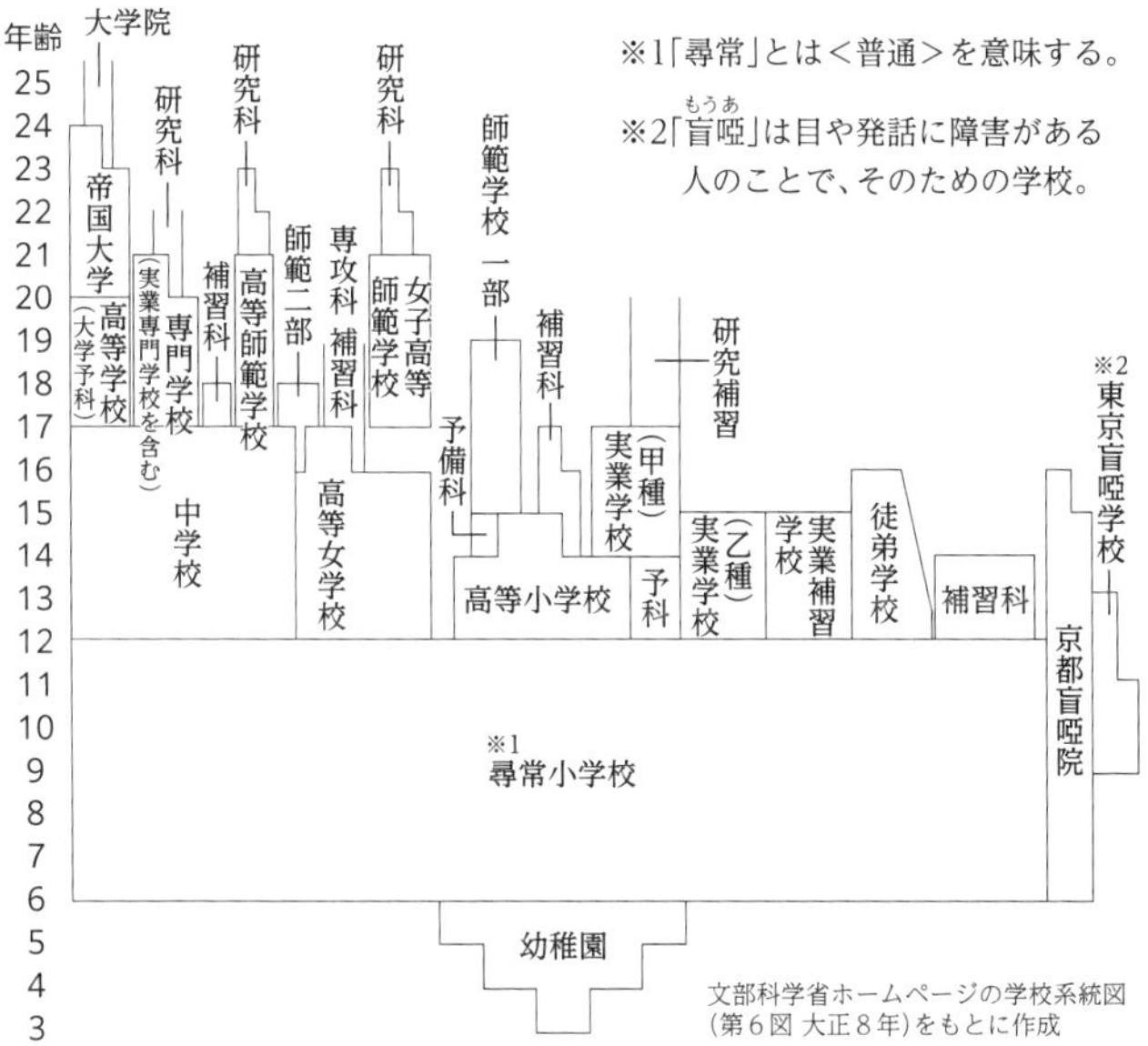

文部科学省ホームページの学校系統図（第6図 大正8年）をもとに作成

創設されたものの、各地の帝国大学への女子の進学は認められていませんでした。しかし、1913（大正2）年に東北帝国大学が初めて女子の入学を認め、1918（大正7）年には私立の東京女子大学が創設されるなど、女子の大学進学者も少しずつ増えていきます。

女性の間で広がる洋装

女学校の普及は、女学生の制服という形で、若い女性のファッションの変化をうながします。明治時代から大正時代には女性の洋装はまだ少なく、女学生の制服として、着物の下に袴《はかま》を組み合わせたうえで靴《くつ》をはくことが広まりました。これはズボンやスカートなどの洋装を参考に、動きやすさを重視して新たに考案されたスタイルです。

西洋諸国では大戦中から社会に出て働く女性が増え、機能性を重視した服装やヘアスタイルが普及します。やがて、女性も機能性を重視した服装を身につけるべきという考え方が日本にも広まり、少しずつ洋装の制服を導入する女学校が増え、海軍の水兵服のデザインをもとにしたセーラー服が女学生の人気を集めるようになっていきました。

一方、成人女性の普段着や仕事着の大部分は和装でした。ところが、大震災で東京市の呉服店や織物の製造業者が多く被災したことに加え、動きやすさと利便性の観点から洋装が着目されます。都市部を中心に、看護師、洋食店の給仕、百貨店の店員として従事する女性の間で、仕事着として洋装が普及していきます。

また、雑誌や映画などのメディアを通じて

西洋のファッションが日本で紹介されると、おしゃれとして洋装を楽しむ人々も増えていきます。洋装に身を包み、映画やダンス、スポーツなどの娯楽を愛好する若い女性はモダンガール（モガ）、若い男性はモダンボーイ（モボ）と呼ばれました。ただ、考現学《こうげんがく》（現代風俗を研究する学問）を提唱した今和次郎《こんわじろう》が、1925（大正14）年に東京の銀座の通行人を調査した結果、男性の67％が洋装・33％が和装だったのに対し、女性は99％が和装で洋装は1％でした。

なお、明治初期には政府が断髪令を布告して男性の結髪《ゆいがみ》（髷《まげ》）は禁止されましたが、逆に伝統を重んじる価値観から女性は断髪を禁じられていたため、成人女性の大多数は結髪でした。それでも、明治末期から大正時代には髪の結い方やアレンジが多様化し、女学生の間では結い上げずに束ねたへアスタイルが広まりました。

流行歌手の登場

新しいファッションだけでなく、音楽、演劇、映画といった大衆娯楽もこの時代に急成長します。

まず音声メディアの分野では、すでに明治末期に日本蓄音器商会（現在の日本コロムビア）が創業され、大正時代には音声を再生する蓄音機とレコードが普及しつつありました。舞台女優の松井須磨子《まついすまこ》は、レコードを通じて最初期の流行歌手となります。

詩人の野口雨情《のぐちうじょう》が作詞した『船頭小唄《せんどうこうた》』は、若い演劇関係者や学生の間で流行し、1922（大正11）年ごろから広く知られるようになり、複数の会社がレコードを発売します。1923（大正12）年1月には映画『船頭小唄』が公開されますが、このころの映画にはまだ音声がなかったことから、映画館でレコードの曲を流したり、弁士《べんし》（台詞《セリフ》を説明するナレーター）や歌手がその場で歌ったりしました。

先述したように、阪急電鉄は現在の兵庫県宝塚市に劇場を開設し、1914（大正3）年4月から12～17歳の少女らが歌と踊《おど》りを披露《ひろう》します。これが現在の宝塚歌劇団の原型です。男性や老人の役もすべて女子が演じる画期的なスタイルは観客を集めます。出演者たちは全国の少女らがあこがれる存在でした。1924（大正13）年には専用の大劇場が建てられ、東京松竹楽劇部（のちの松竹歌劇団）をはじめ、各地で類似の少女歌劇団が結成されます。

歌舞伎から転じた映画スター

日本で初めて活動写真（映画）を上映する常設の劇場がつくられたのは1903（明治36）年のことです。大正末期には全国で1000館以上にまで増えました。

初期の主要な上映作品は外国産でした。怪盗《かいとう》が主人公のフランス映画『ジゴマ』シリーズが大流行しますが、泥棒《どろぼう》の主人公は子どもに悪影響を与えるという理由で、やがて上映が禁止されます。アメリカ映画では、『幌馬車《ほろばしゃ》』ほかの西部劇や、喜劇王と呼ばれたチャールズ・チャップリンが出演した作品『担《にな》へ銃《つつ》』『キッド』などが人気でした。

大正時代には国産の映画も増えていきます。初期の映画俳優・女優は舞台劇や歌舞伎役者から転じた人たちでした。現代劇や西洋文学を題材にした作品もつくられますが、庶民に人気を博したのは、歌舞伎や浄瑠璃で親しまれていた作品を映画化した時代劇です。元歌舞伎役者の尾上松之助《おのえまつのすけ》は、『羅生門』『豪傑児雷也』『鞍馬天狗』など多数の作品に出演し、最初期の映画スターとなります。

尾上の出演作を数多く手がけた映画監督の牧野省三《まきのしょうぞう》は、「日本映画の父」と呼ばれます。歌舞伎や舞台劇とは異なる映画に適した演技や演出、撮影技術や映像の編集技法を確立し、第二次世界大戦後まで活動した映画監督の内田吐夢《うちだとむ》、俳優の阪東妻三郎や片岡千恵蔵《かたおかちえぞう》ほか、数多くの映画関係者を育てました。

映画に続いて世界で広まったのが、ラジオ放送です。日本では1925（大正14）年3月、元内務大臣の後藤新平を総裁とする東京放送局（現在のNHK）が開局します。放送内容は、朗読劇のドラマ、ニュース、音楽、英語講座などでした。ラジオ放送を通じて、歌手、俳優、落語家、話芸を得意とする漫談家といった芸能人が、全国的な知名度を持つ時代が到来したのです。

科学と技術の発展

ラジオの普及は、大戦中に急速に発達した無線通信技術の産物でした。日本でこの分野の権威といえる研究者が、東北帝国大学（現在の東北大学）工学部教授の八木《やぎ》秀次《ひでつぐ》です。当時の無線通信は大出力の機器が必要な長波の電波を主に利用していましたが、八木は少ない電力で遠距離の通信ができる短波に着目し、門下の宇田新太郎《うだしんたろう》とともに、短波通信用の八木・宇田アンテナを開発しました。これはのちに諸外国で軍事通信用に採用され、第二次世界大戦後はテレビ用のアンテナとして広く普及します。

このほかにも、大正時代には科学技術の分野で数多くの成果がみられます。八木と同じく東北帝国大学で教授を務めた本多光太郎《ほんだこうたろう》は、1917（大正6）年に強力な永久磁石となる合金のＫＳ鋼《ケーエスこう》を発明し、のちにノーベル物理学賞の候補となります。

東京帝国大学（現在の東京大学）教授の今村明恒《いまむらあきつね》は、明治後期から地震の研究を進め、過去の記録から東京で大地震が起こり、多大な被害が発生する可能性を指摘していました。関東大震災が起こると、その先見性は注目を集め、今村が設立した地震学会によって、地震や火山活動と防災の研究が進められます。今村と同じく東京帝国大学教授で物理学者の寺田寅彦《てらだとらひこ》も、大震災を機に地震や火山活動の研究を進めた事で知られます。小説家の夏目漱石とも交友が深く、『怪異考《かいいこう》』『科学と文学』など、科学者としての知見を交えた随筆《ずいひつ》や俳句を残しました。

医学の分野では、細菌学者の北里柴三郎《きたさとしばさぶろう》が1915（大正4）年に設立した北里研究所が、伝染病の予防と治療で大きな成果を挙げました。同研究所に属した秦佐八郎《はたさはちろう》はペストの研究で知られ、ノーベル生理学・医学賞の候補にもなっています。北里の教え子の1人である野口英世《のぐちひでよ》はアメリカに渡り、梅毒《ばいどく》や黄熱病《おうねつびょう》の研究などの成果によって、1914（大正3）年と翌年、さらに1920（大正9）年の三度にわたり、ノーベル生理学・医学賞の候補に選ばれています。

人々がスポーツ競技に夢中に

海外の文化が大量に流入し、進学率が上昇した大正時代には、大学などの教育機関を通じて西洋から伝わったスポーツが盛んになります。

1872（明治5）年にアメリカから伝わった野球は、都市部の大学生を中心に愛好され、明治30年代から早稲田《わせだ》大学と慶應義塾《けいおうぎじゆく》大学の野球部の対抗戦（早慶戦《そうけい》）が始まります。1915（大正4）年からは全国の中学校が優勝を競う大会（全国中等学校優勝野球大会）が始まり、これが現代まで続く夏の甲子園大会（全国高等学校優勝野球大会）へと発展します。1924（大正13）年には現在の兵庫県西宮市に甲子園球場が完成し、第10回大会から会場となります。このときはまだプロ野球はなく、早慶戦をはじめとする大学野球の大会や夏の甲子園大会のラジオ実況に、人々は耳を傾けました。

1920（大正9）年には、早稲田大学・慶應義塾大学・明治大学・東京高等師範学校（現在の筑波《つくば》大学）の選手が、東京から神奈川県の箱根までをリレー方式で走る四大校駅伝競走（現在の箱根駅伝＝東京箱根間往復大学駅伝競走）が始まり、野球と並んで幅広い人気を獲得します。

箱根駅伝の発案者であるマラソン選手の金栗四三《かなくりしそう》は日本人で初めてオリンピックに出場した人物です。短距離走選手の三島弥彦《みしまやひこ》とともに1912（明治45）年の夏にスウェーデン王国で開催されたストックホルム大会に出場します。このときはまだ日本国民のオリンピックへの関心は低かったものの、大戦による中止を経て、1920(大正9)年の夏にベルギー王国で開催されたアントワープ大会では、テニスのダブルスで熊谷一弥《くまがいいいちや》・柏尾誠一郎《かしおせいいちろう》ペアが初めてメダル(銀)を獲得したことで、日本人の間でオリンピックは注目されるようになります。

現代に直結する大正時代

これまで見てきたように、大正時代はマスメディアと大衆文化が急速に発達した時代でした。もう1つの特徴として、明治時代と比較し、政治的には明確なリーダーが不在だったことがあげられるでしょう。明治時代は西郷隆盛《さいごうたかもり》、大久保利通《おおくぼとしみち》、伊藤博文ら倒幕運動に関わった志士たちが政治を主導し、明治天皇も積極的に外交行事や政治の舞台に顔を見せ、大きな存在感を示していました。一方、大正時代は3年あまり続いた原内閣を除いて短期間で首相が次々と交代し、大正天皇は健康状態がすぐれず、在位期間の後半は公の場に顔を見せる機会はほとんどありませんでした。

大正天皇は1926(大正15)年12月25日に心臓まひのため崩御《ほうぎょ》します。在位期間はあしかけ15年、47歳でした。その日のうちに25歳だった皇太子の裕仁親王が皇位を継ぎ、元号は「昭和」に改まります。

このころ政界は、松島遊廓疑獄や朴烈事件などをめぐって政権与党の憲政会と政友会が争っていましたが、天皇の代替わりにともない政争は一時的に中断され、時の若槻内閣は1927（昭和2）年4月まで続くことになります。

若槻内閣が倒れた一因は、関東大震災の復興資金を集めるため大量に発行された証券が、多くの金融機関にとって資金を回収できない負債《ふさい》となり、金融恐慌と呼ばれる経済の混乱を引き起こしたことにあります。数々の政争に加え、景気の悪化によって国民の間で政治家に対する不満や不信が高まると、急進的な改革を唱える軍人が政府要人を襲撃したり、軍が政治に口を挟《はさ》むことが増えていきます。大正時代に政党政治が定着したにもかかわらず、昭和前期には、軍の意向が政治に大きな影響を与えるとともに天皇の神格化が進み、日本は軍国主義への道を歩んでいくことになります。

それでも、大正時代に培《つちか》われた豊かな文化や多様な価値観は息づき続け、現代を生きる私たちに欠かせないものとなっているのです。

大正時代の偉人❹

大正時代を代表するスター女優

松井須磨子

Matsui Sumako

1886(明治19)～
1919(大正8)年

演技と歌唱の両方で注目を浴びる

本名は小林《こばやし》正子《まさこ》といい、出身は現在の長野県長野市です。東京市の戸板裁縫《といたさいほう》学校(現在の戸板女子短期大学)を卒業したのち、東京俳優学校の講師を務める前沢誠助《まえざわせいすけ》と結婚し、作家の坪内逍遥《つぼうちしょうよう》が立ち上げた文芸協会付属演劇研究所に属する舞台女優となりました。

シェイクスピア原作の『ハムレット』のオフィーリア役、イプセン原作の『人形の家』のノラ役などで観客を魅了《みりよう》し、さらに、トルストイ原作の『復活』の劇中で歌った「カチューシャの唄」、ツルゲーネフ原作の『その前夜』の劇中で歌った「ゴンドラの唄」は、レコードが発売されて全国的に大ヒットしました。

俳優の仕事に集中するため前沢と離婚したのち、舞台監督だった島村抱月《しまむらほうげつ》と恋仲になり、抱月とともに創設した芸術座で看板女優を務めます。抱月がスペイン風邪で死去すると、須磨子《すまこ》は後を追って命を絶ちました。

年表

「大正時代のできごと」と「世界のできごと」を合わせて見られる年表です。

年	大正時代と前後のできごと	世界のできごと
1902	第一次日英同盟を締結	南アフリカでブール戦争終結（1902）
1905	日露戦争が終結	中国同盟会が結成（1905）
1906	南満洲鉄道株式会社が設立	サンフランシスコ地震が発生（1906）
1907	第一次日露協約を締結	ハーグ平和会議（1907）
1910	韓国併合	メキシコ革命が勃発（1910）
	〈明治時代〉	
1912	明治天皇が崩御／嘉仁親王が皇位継承	孫文らが国民党を結成（1912）
1913	第一次護憲運動／大正政変	第二次バルカン戦争が勃発（1913）
1914	シーメンス事件／ドイツに宣戦布告	第一次世界大戦が勃発（1914）
1915	二十一箇条要求	中国で第三革命が勃発（1915）
1917	石井・ランシング協定を締結	ロシア革命（1917）
1918	シベリア出兵／米騒動	第一次世界大戦が終結（1918）
	〈大正時代〉	

1919	普選運動が活発化	三・一独立運動（1919）
	衆議院議員選挙法が改正	五・四運動（1919）
1920	国際連盟の原加盟国に／戦後恐慌	アメリカが女性参政権を導入（1920）
1921	ワシントン会議に参加	中国共産党が結成（1921）
1922	日本軍がシベリアから撤収	ソヴィエト社会主義共和国連邦が成立（1922）
1923	関東大震災／虎ノ門事件	トルコ共和国が成立（1923）
1924	第二次護憲運動	第一次国共合作（1924）
1925	普通選挙法が成立／治安維持法が成立	日ソ基本条約を締結（1925）
1926	大正天皇が崩御／裕仁親王が皇位継承	蒋介石が北伐を開始（1926）
	〈昭和時代〉	
1927	金融恐慌	中華民国が国共内戦に突入（1927）
1928	第1回普通選挙を実施／張作霖爆殺事件	イギリスで男女平等の普通選挙が実施（1928）
1929	中華民国の国民党政権を正式承認	世界恐慌が発生（1929）
1931	柳条湖事件／満洲事変	イギリス連邦が成立（1931）
1932	五・一五事件／政党政治が終わる	ドイツでナチスが第一党に（1932）

主な参考文献

『日本の歴史(14)「いのち」と帝国日本』小松裕(小学館)
『日本の歴史(22)政党政治と天皇』伊藤之雄(講談社学術文庫)
『大正史講義』筒井清忠 編(ちくま新書)
『日本近代の歴史(4)国際化時代「大正日本」』櫻井良樹(吉川弘文館)
『明治大正史(下)』中村隆英 編(東京大学出版会)
『詳説日本史B』笹山晴生、佐藤信、五味文彦、高埜利彦 ほか(山川出版社)
『世界の歴史(26)世界大戦と現代文化の開幕』木村靖二、柴宜弘、長沼秀世(中央公論社)
『大正デモクラシーの群像』松尾尊兊(岩波書店)
『大正デモグラフィ』速水融、小嶋美代子(文春新書)
『民衆暴力 一揆・暴動・虐殺の日本近代』藤野裕子(中公新書)
『大正史講義 文化篇』筒井清忠 編(ちくま新書)
『明治大正史 世相篇』柳田国男(中公クラシックス)
『大正ロマン手帖 ノスタルジック&モダンの世界』石川桂子(河出書房新社)
『大正文化 帝国のユートピア』竹村民郎(三元社)
『大正時代の先行者たち』松尾尊兊(岩波書店)
『大正天皇』原武史(朝日新聞出版)
『人物叢書 大正天皇』古川隆久(吉川弘文館)
『山県有朋 明治国家と権力』小林道彦(中公新書)
『大隈重信 民意と統治の相克』真辺将之(中公叢書)
『桂太郎 外に帝国主義、内に立憲主義』千葉功(中公新書)
『原敬「平民宰相」の虚像と実像』清水唯一朗(中公新書)
『高橋是清 尽人事而後楽天』鈴木俊夫(ミネルヴァ書房)
『加藤高明 主義主張を枉ぐるな』櫻井良樹(ミネルヴァ書房)
『昭和天皇伝』伊藤之雄(文春文庫)
『国際連盟 世界平和への夢と挫折』篠原初枝(中公新書)
『近代日本と軍部 1868-1945』小林道彦(講談社現代新書)
『日本史小百科 海軍』外山三郎(東京堂出版)
『シベリア出兵』麻田雅文(中央新書)
『災害の日本近代史 大凶作、風水害、噴火、関東大震災と国際関係』土田宏成(中公新書)
『図説 ソ連の歴史』下斗米伸夫(河出書房新社)
『中国の歴史(10)ラストエンペラーと近代中国』菊池秀明(講談社)
『「国境」で読み解く日本史』古川浩司 監修(知恵の森文庫)
『断影 大杉栄』竹中労(ちくま文庫)
『日本食物史』江原絢子、石川尚子、東四柳祥子(吉川弘文館)

［監修］ 大石学（おおいし　まなぶ）
1953年、東京都生まれ。東京学芸大学名誉教授。NHK 大河ドラマ『新選組！』『篤姫』『龍馬伝』『八重の桜』『花燃ゆ』『西郷どん』等の時代考証を担当。2009年、時代考証学会を設立、同会会長、静岡市歴史博物館館長を務める。

［協力］ 中野良（国立公文書館アジア歴史資料センター研究員）

編集・構成／造事務所
ブックデザイン／井上祥邦 (yockdesign)
文／佐藤賢二
イラスト／cocoanco

世界のなかの日本の歴史
一冊でわかる大正時代

2024年11月20日　初版印刷
2024年11月30日　初版発行

監　修　　大石学

発行者　　小野寺優
発行所　　株式会社河出書房新社
〒162-8544
東京都新宿区東五軒町2-13
電話03-3404-1201（営業）
03-3404-8611（編集）
https://www.kawade.co.jp/
組　版　　株式会社造事務所
印刷・製本　TOPPANクロレ株式会社

Printed in Japan
ISBN978-4-309-72208-5

この時代にも注目！

世界のなかの日本の歴史
【監修】大石学
一冊でわかる
平安時代
河出書房新社

世界のなかの日本の歴史
【監修】大石学
一冊でわかる
鎌倉時代
河出書房新社

世界のなかの日本の歴史
【監修】大石学
一冊でわかる
室町時代
河出書房新社

世界のなかの日本の歴史
【監修】大石学
一冊でわかる
戦国時代
河出書房新社

世界のなかの日本の歴史
【監修】大石学
一冊でわかる
江戸時代
河出書房新社

世界のなかの日本の歴史
【監修】大石学
一冊でわかる
幕末
河出書房新社

世界のなかの日本の歴史
【監修】大石学
一冊でわかる
明治時代
河出書房新社